U0734176

我
们
一
起
解
决
问
题

著 吴昊臻
吴冕

让孩子自觉自律的56种微习惯

人民邮电出版社

北京

图书在版编目（CIP）数据

让孩子自觉自律的 56 种微习惯 / 吴昊臻，吴冕著．
北京 ： 人民邮电出版社，2025. -- ISBN 978-7-115
-65255-3

Ⅰ．C933.41-49

中国国家版本馆 CIP 数据核字第 2024C3C924 号

内容提要

每个家长都希望自己的孩子变得优秀，然而养育孩子并不那么容易。孩子在成长过程中会出现各种各样的问题，随着年龄的增长，有的孩子会越来越不受家长的"控制"。成功的养育不是控制孩子的成长，而是培养孩子的自驱力，让孩子学会自己成长。培养孩子拥有自驱力，关键在于让孩子养成良好的习惯。

本书基于心理学多元智能理论，从掌控学习、掌控社交、掌控情绪、掌控生活四个维度辨析了孩子在成长过程中容易出现的 56 种典型问题，以及如何通过养成良好的习惯来解决这些问题，帮助孩子健康成长。

本书适合学龄阶段的孩子及其家长共读共学。

◆ 著 吴昊臻 吴 冕
责任编辑 谢 明
责任印制 彭志环

◆人民邮电出版社出版发行 北京市丰台区成寿寺路 11 号
邮编 100164 电子邮件 315@ptpress.com.cn
网址 https://www.ptpress.com.cn
涿州市般润文化传播有限公司印刷

◆开本：880×1230 1/32
印张：7 2025 年 1 月第 1 版
字数：150 千字 2025 年 10 月河北第 5 次印刷

定 价：59.00 元
读者服务热线：（010）81055656 印装质量热线：（010）81055316
反盗版热线：（010）81055315

序 •— preface

做家庭教育多年，我接触过很多家长，听到最多的家长心声是："现在做家长太难了！"

的确，现在的家长面临的养育孩子的挑战是巨大的。

时代的发展日新月异，现在，孩子们的成长环境与家长童年的成长环境相比已经完全不同，家长需要面对很多未知的问题：如家庭单位不断被切割对孩子造成的影响，又如移动互联网的快速发展带来的新生事物层出不穷对孩子造成的困扰。我常开玩笑说，以前养孩子是"散养"，现在养孩子是"圈养"；"散养"靠环境，"圈养"靠技术。

新时代、新环境对家长养育孩子提出了更高的要求，要求家长掌握更多的家庭教育理论知识。家庭教育理论已经发展出完善的教育体系，既包括父母的身教、言教、境教，还包括三观教育、志向教育、在场教育、离场教育和爱的教育等。

作为有人生阅历的成年人，我们会发现，孩子的成长是有规律的：小时候怎么长，长大了怎么活。也就是说，一个人小时候养成什么样的习惯，对其一生都会产生深远的影响！

如果说学校教育决定个体如何成才，那么家庭教育就决定个体的人格。在人格培养中，习惯的培养是极其重要的一环。孩子的行为习惯是检验家庭教育成果的重要指标之一。

家庭教育是孩子成长的土壤。在一个没有教育规划的家庭中，孩子成长的问题会很多；在一个有教育规划的家庭中，孩子的成长问题往往可以被预见，并能得到很好的解决。了解教育理论知识的家长不会通过命令、控制，甚至发脾气的方式教育孩子。他们知道如何把自己的想法悄悄地变成孩子自己的决定。

家庭教育的核心是家长成为更好的自己，并用爱的力量潜移默化地影响孩子。吴昊臻老师和吴冕老师合著的这本书就是基于这样一种理念写就的，这本书不仅介绍了家长帮助孩子养成好习惯的方法，更重要的是分享了方法背后的理论体系。

我认识吴昊臻老师已经多年，当年他为了自家孩子的成长进入家庭教育领域，并坚持到现在，已深耕十年。他既有扎实的理论基础，也有丰富的实战经验。本书既有他多年来培养孩子的真实案例，也有他作为一名父亲，帮助孩子成长的教育心法。我相信，吴老师的这本书会带给读者朋友们很多启发。

林青贤

中国家庭教育学会家庭文化建设专委会副理事长

目录

contents

第二章
16 种社交微习惯
让孩子会社交、会表达、情商高

好的社交关系是建立自信的重要源泉 / 082

第三章

15 种情绪微习惯
帮助孩子及时疏导坏情绪，不内耗

第四章

5 种生活微习惯

让孩子学会自理，不费妈

序　章

01

有边界感的父母，都懂得放手

有的父母明明付出很多，和孩子的关系却越来越紧张，很难得到孩子的认可；有的父母看似付出很少，和孩子的关系却很融洽，很容易就得到了孩子的认可。

特别是在辅导孩子上，这种情形尤其明显。

有的父母恨不得手把手地教孩子每一道题，然而，父母越是这样，孩子反而越学不会。有的父母不怎么管，孩子反而能很自觉地把作业写完。并且，越是成绩好的学生，越不需要家长辅导作业。

问题出在什么地方呢？

问题出在边界感上。

父母养育孩子，有两件事很重要：一是爱，二是放手。

生活中，那些没有边界感的父母，主观上对孩子的爱越深，客观上对孩子的控制就越紧。最后，爱反而变成了让人窒息的牢笼，一点点消灭了孩子的自主意识，扼杀了孩子的自我。有边界感的父母都懂得放手。

其实，真正有边界感的父母，不是完全不管孩子，而是在不伤害孩子自主性的前提下，把精力放在培养孩子的自驱力上：即培养孩子独立解决生活和学习上各种问题的能力。

而培养自驱力的关键，就是让孩子养成良好的习惯。

习惯是人们在生活中逐步养成的各种模式化和自动化的动作、行为、态度、方法、生活方式、道德品质、精神状态等。

人之所以会拥有习惯，按照心理学家皮亚杰的认知发展理论，是因为我们的头脑中有一种叫图式的运行模式。图式是一种认知框架，或者心理模型，用于组织和解释个体对世界的经验。

简单来说，我们对遇到的人，看到的物，经历的种种事情，都会在头脑中进行提炼和概括，并形成一张张"图纸"。因为有这些"图纸"的存在，我们认识事物和处理事物的工作量被大大简化。

举个例子，一个小朋友走到十字路口时，父母对他说"红灯停，绿灯行"，那么，以后再遇到其他路口时，这个小朋友也会按照交通信号灯的指示来通过路口，因为在他的头脑中，已经拥有了"红灯停绿灯行"的图式。这个图式，就成为他在生活中的一个习惯被保存下来。

习惯最大的价值，在于它就像魔法里的一个个咒语一样，只要被触发，就会产生神秘的能量，帮助人们实现目标。而且整个过程是自动的，不需要耗费太多的心理能量。

因此，孩子在学习上有没有强大的自驱力，取决于他的"习惯库"是否丰富。

　　孩子养成各种良好的习惯，就如同拥有了强而有力的翅膀，未来可以飞得更高，飞得更远。**良好的习惯，可以帮你开启事半功倍的人生模式。**

02
优秀孩子的 56 个核心习惯

习惯如此重要，那我们应该引导孩子养成哪些良好的习惯呢？

美国著名心理学家霍华德·加德纳提出的**多元智能理论**认为，人的智力不是单一的，而是一组包含多种类型的智能"光谱"。

简单来说，一个人的智力主要包括以下八种类型。

- 语言智能：听、说、读、写的能力。

- 数学逻辑智能：运算和推理的能力。

- 视觉空间智能：感知空间关系并进行表达的能力。

- 身体运动智能：掌控身体的能力。

- 音乐智能：感受和表达音乐的能力。

- 自然智能：辨别自然和社会环境并加以利用的能力。

- 人际关系智能：与人相处和交往的能力。

- 内省智能：对自我的内在进行觉察的能力。

20 世纪末以来，多元智能理论风行全球，成为很多国家教育改革的指导理念。

结合孩子的成长环境，我们对多元智能理论进行了适当的整合和拓展，总结出了一套培养孩子习惯的框架。

概括来说，我们可以从以下四个方面培养孩子的习惯。

1. 掌控学习的习惯

在多元智能理论中，语言智能、数学逻辑智能、视觉空间智能、音乐智能等都属于学习能力，这也是家长们最看重的方面。

学习无小事。孩子在学习方面出现问题，发脾气没有用，说教也没有用。父母要做的是帮助孩子养成各种良好的学习习惯，让他们学会自己解决学习问题，这才是最重要的事。

2. 掌控社交的习惯

很多孩子学习成绩不好，不是因为学习能力差，而是处理不好人际关系，容易与身边的人发生冲突，进而影响学习。这也是有些孩子产生学校恐惧症的重要原因之一。

父母还应帮助孩子养成良好的社交习惯，帮助孩子成为高情商的社交"小达人"。

3. 掌控情绪的习惯

近些年，很多家长有这样一种感受：孩子的物质条件越来越好，内心却越来越脆弱，容易被焦虑、抑郁等问题困扰。

因此，帮助孩子养成正确处理情绪的习惯，让孩子学会自主解决心理问题，是一件极为重要的事情。

4. 掌控生活的习惯

很多人把做饭、收拾房间、整理衣服等生活琐事当成一种负担。父母出于关爱，会帮助孩子做这些事情。实际上这是对孩子自主性的一种损害。一个真正热爱生活的人，一定是有能力照顾好自己生活的人。

所以，培养孩子拥有良好的生活习惯，不仅是为了让孩子拥有独立性，也是为了让孩子能更好地生活。

综上，我们培养孩子养成良好的习惯，要从掌控学习、掌控社交、掌控情绪和掌控生活 4 个维度着手。本节总结了优秀孩子应该具备的 56 种重要的习惯。

引导孩子养成良好的习惯，对父母们来说是一个充满挑战的过程。孩子是父母的影子，与其说父母在教育孩子，不如说是父母与孩子在互相照见、共同成长。

希望您从这本书开始，同孩子一起开始改变，从一个个微习惯开始培养，成为孩子成长路上的人生榜样，最后成就自己与孩子精彩的人生！

第一章

20 种学习微习惯

让孩子自主学习，快速提分

一个学习公式

学习包括学习动力、学习能力、学习阻力、学习成果。它们的关系可以用一个简单的公式来表示：

学习成果 = 学习动力 + 学习能力 − 学习阻力

有句谚语说，你可以把一匹马牵到河边，但不一定能让它喝水。同样，我们可以把孩子送到学校，但他不一定就能认真学习。所以在某种程度上，学习动力比学习能力更重要。

家长只是紧盯孩子的学习行为，并不能激发孩子的学习动力，有时反而容易将其扼杀。

学习动力来自孩子对世界的好奇心、对知识的探索欲、对自己梦想的追求、对他人的利他之心、对社会的责任感、对国家和人类的热爱等。

除此之外，人际关系也是孩子学习动力的重要部分，家庭关系是否亲密、师生关系是否和谐、同学关系是否融洽，这些都会直接影响孩子的学习动力。

学习能力也是获得学习成果的重要部分，本书将详细介绍培养孩子学习能力的方法。

车要跑得快，除了要有强大的动力，还要想办法减少阻力。学习也是如此，减少学习阻力也是保证学习成果的重要部分。

常见的学习阻力包括沉迷电子产品、心理压力、负面情绪等。

01 别烦孩子总问"为什么"，保护学习原动力

Q: 我家孩子没有学习动力，不愿意学习，除了玩手机，对其他东西好像都没有兴趣。

A: 如果一个孩子对什么东西都没有兴趣，那说明这个孩子天然的好奇心没有受到保护。一个没有好奇心的孩子，对学习也不会有太大的兴趣。

有一天，我和妻子带着当时 6 岁的小女儿散步。女儿突然问了一个问题："妈妈，地球为什么会转？"

妻子想了想，说自己不知道。

过了一会儿，她又问："爸爸，地球上没有土的时候，花是怎么长的？"

我说："好问题。不过爸爸也不知道。"

妻子说："我要赶快把这些问题记下来，这些都是特别好的问题。"

我们一起赞扬女儿的这份好奇心，并告诉她，很多伟大的人物，比如牛顿、达·芬奇、爱因斯坦等都是好奇心特别强的人，跟她一样。他们也因为这份好奇心，成了影响人类历史的大人物，为人类文明的发展做出了巨大的贡献！

英国心理学丹尼尔·伯莱因认为，人身上都存在认知型好奇心。这种好奇心主要表现为对知识的追求与渴望，是所有基础科学探索的主要驱动力。

可以说，一个人最原始的求知欲就来自好奇心，来自内心自然而然产生的"为什么"。保护孩子的好奇心，就是保护孩子的学习动力。

凯文·凯利在《必然》一书中专门讲到了"提问"，他认为问题比答案更重要，更有力量。他说：

"一个好问题会创造一个新的思维领域！

一个好问题是科学、艺术、政治、商业领域中创新的种子！

一个好问题值得拥有 100 万种好答案！"

通常情况下，一个五六岁的孩子，平均每天会问 10 个"为什么"，用"为什么"轰炸自己的父母。18 岁之后，人的好奇心会丧失殆尽。原因很简单，在成长过程中，孩子的好奇心被不断压制：父母厌倦回答"为什么"，埋怨孩子胡思乱想；老师也没有时间回答"为什么"，因为要优先完成教学计划；孩子的生活中充斥着娱乐节目、电子游戏，这都不需要大脑的积极参与，被动接受就好了，于是孩子慢慢地丧失了问"为什么"的动力。

而那些伟大的人物之所以伟大，是因为他们终生保持着强烈的好奇心。牛顿对苹果落地感到好奇，从而发现了万有引力；达·芬奇在去世前一周，还在研究啄木鸟的舌头；爱因斯坦说，我并没有特别的天赋，有的只不过是强烈的好奇心。永远保持好奇心的人是永远进步的人。

所以，保护孩子的好奇心，引导孩子多问"为什么"，就是保护孩子的学习动力。

为了保护孩子的好奇心，父母应该做好以下三点。

（1）要欣赏、肯定孩子问"为什么"。面对孩子的提问，最好的回应就是：好问题！在父母的鼓励下，孩子将更愿意思考，更愿意提问，将提问培养成终身习惯。

（2）很多时候不要直接回答，可以反问孩子："你觉得呢？"引导孩子去进一步思考。

（3）当家长不知道答案时，应诚实地告诉孩子，然后跟孩子一起去查找答案，让孩子知道有哪些方法可以帮助自己解开疑惑。

😊 ◀【小贴士：家长成长心法】

很多家长喜欢直接回答孩子的问题，认为这样对孩子是一种帮助。其实，这对孩子的成长并不一定有益。聪明的家长会管住自己的嘴，控制"好为人师"的心，不急着给出答案，而是引导孩子去思考，去探索，去找到答案。**不要做代替型父母，不要代替孩子思考。**

✅ 【微习惯亲子践行打卡：多问"为什么"】

写下今天想到的"为什么"。

02 不是孩子不爱学习，是你把学习这件事想难了

Q: 我家孩子不爱学习，有点儿厌学，怎么办呢？

A: 当我们产生这种想法时，应该先想一想："孩子不爱学习"这句话成立吗？

一天上午，我正在房间里写东西，小女儿过来问："爸爸，你在工作吗？"

我说："我在写作业。"

"大人还需要写作业？是在工作吧？！"

"大人也要学习啊，每个人都需要学习，学习就会有作业。大人是既要学习也要工作的。"

她又问："工作是不是也是学习？"

我愣了一下，说："对啊，工作也是学习的一种。你这句话特别有哲理，工作过程可以让爸爸学到很多东西，比如如何与人沟通，如何写作，等等，我们做事情其实就是在学习。"

我们对话的时候，她正在嗑瓜子。

我继续说："你看，嗑瓜子也是学习。你以前不会嗑瓜子，总是嗑不好，通过这几天的学习，你现在嗑得就非常好。前一段时间你还练习过吹泡泡糖，吹泡泡糖也是学习，通过学习你就吹出了那么大的泡泡！学习不光是看书、写作业，很多事情都是学习，大人们工作也是一种学习。"

通过这样的日常交流，我给孩子传递了这样一些信息：**学习是一个广义的概念，不只是在学校学习和写作业，学习无处不在，每个人都在学习，而且学习也是一件开心愉悦的事。**

当孩子说"我不爱学习"时，家长首先要做的是引导孩子认识到生活处处是学习，衣食住行都是学习。让孩子意识到他是爱学习的，帮助孩子撕掉"不爱学习"的标签，改变孩子对"学习"本身的认知。然后进一步发现，孩子是不是在学习方面面临一些挑战。

我们经常说：学海无涯苦作舟。这句话一方面激励我们勤奋读书，另一方面也在潜意识里给我们出示了一个信号：学习就是苦的。

其实，学习在本质上是让人愉悦的。学习满足了我们的好奇心和求知欲，让我们有成就感和价值感，让我们的身体不断产出能让人感到快乐的多巴胺和内啡肽。虽然逐步增加的学习任务可能会让孩子觉得枯燥、疲惫，但这是阶段性的困扰，总体来说，学习带来的内在愉悦感可以战胜这些挑战。

对于学习，我们需要给自己和孩子树立一种认知：**每个人都是爱学习的，学习不只是课本学习和写作业，学习存在于生活的方方面面。**家长和孩子都要给自己锚定这样一种思维习惯。

☺ ◀【小贴士：家长成长心法】

每个孩子都是爱学习的，但是，如果家长给孩子过多的学习任务，比如给孩子报超负荷的补习班，给孩子过高的期待等，都可能导致孩子负面感受过大，冲淡学习愉悦感，导致孩子产生厌学情绪。

✅ 【微习惯亲子践行打卡：今天我学到了什么】

每天晚餐时，全家人分享自己今天学到了什么，并对大家说：我很爱学习，也很善于学习！

---

03 谈谈梦想，学习才有内驱力

Q: 都说梦想很重要，梦想可以激发学习动力，可是我家孩子说他没有梦想，我该怎么引导呢?

A: 给大家分享一个方法：有事没事，谈谈梦想!

我的大女儿刚上小学的时候，就不喜欢上学。她早上从不准时起床，上学经常迟到，总是哭着说："我不想上学。"她写作业也是拖拖拉拉，一度让我们很头疼。

从事家庭教育工作之后，老师告诉我，要想让孩子有学习动力，先要帮助孩子树立梦想。心理学研究表明，梦想可以让人获得目标感，而清晰的目标感可以显著提升人们做事的动力。诸葛亮在《诫子书》中也说，"非志无以成学"。

真正的立志不只是确立学习目标，而是要树立人生梦想。**梦想就是命运的种子，没有梦想的人就像石头，永远不会发芽，更不可能成材。**

我曾问大女儿："你的梦想是什么？"她摇摇头。问了多次，都是没有。于是我和妻子开始想办法来帮助孩子树立梦想：**有事没事，谈谈梦想。**

谈谁的梦想呢？先谈我们自己的梦想。

身教胜于言教。为了给孩子树立榜样，我和妻子认真思考了我们自己的人生，思考自己的梦想是什么。我从小的梦想是当一名作家，而且我从小学就坚持写日记，还尝试写小说、随笔等，可惜工作后逐渐放弃了作家梦。为了激励孩子，我又重启了这个梦想，立志成为一名家庭教育作家。而妻子的梦想是成为一名家庭教育导师，到全国各地去传播家庭教育知识，帮助更多家庭获得幸福。

于是，我们两个人行动起来，去追求自己的梦想。在短短三个月的时间里，我在杂志、公众号上发表了 50 多篇文章，其中一篇还在《人民周刊》杂志刊发。我一边努力一边跟女儿分享：爸爸的梦想是成为一名作家，你看爸爸今天的文章有那么多人阅读，爸爸很开心，爸爸会继续努力的。而妻子经常去幼儿园、学校、社区讲课，回来后也分享给她：妈妈的梦想是成为一名家庭教育导师，今天我去一个幼儿园讲课，有 100 多个家长听课，他们收获很大，很感谢妈妈。分享了我们的梦想和行动，我们会问她，你的梦想是什么呢？女儿说不知道。我们会说，没关系，慢慢想。

这样坚持半年后，女儿终于找到了她的梦想：成为一名国际著名的服装设计师，让全世界的女孩都有一件属于自己的漂亮衣服。之后，她创设了自己的第一个品牌：温柔能量猫。这是一个家庭教育品牌，内涵是：爸爸妈妈温柔，孩子能量满满。我们先后设计并推出了徽章、亲子装、笔袋、挎包、双肩背包、镜子等产品，在父母课堂上进行销售时，很受家长欢迎。在她 10 岁时，我们全家还参加了大型亲子综艺节目《考不好没关系》。在节目上，我向全国的观众讲述了我女儿的梦想故事，并将温柔能量猫的包包送给了主持人。

因为梦想的力量，大女儿的学习状态越来越好，自我管理能力也越来越强。她的学习和作业都是自己管理，独立完成，不再需要我们去提醒、督促。梦想像火把一样，点燃了孩子的学习热情、激发了孩子的学习动力。

帮助孩子树立梦想，需要家长温柔地引导，需要家长经常跟孩子谈论梦想，谈自己的梦想，谈孩子的梦想。

😃 ──【小贴士：家长成长心法】

　　我们希望孩子有人生梦想，那么作为家长，我们自己有没有梦想呢？父母要永远记得：身教胜于言传。**要点亮孩子的心灯，我们自己的心灯也需要是亮的！**

✅ **【微习惯亲子践行打卡：有事没事，谈谈梦想】**

　　今天，我们和孩子都分享了哪些关于梦想的事情呢？

04 如何应对孩子崇拜偶像这件事

Q: 我家孩子进入了青春期，开始崇拜偶像，经常去看演唱会，还会购买很多周边产品，投入了很多时间和精力。这怎么办呢？

A: 青春期的孩子有偶像是很正常的，有偶像不是问题，如何应对这件事才是真正的问题。

有一年，一位朋友送了我一套学生版的《中外名人传记》丛书。我把这套书放在了大女儿的床头，本希望她通过读名人传记来激励自己，她却没有多大兴趣，一直没有读。

她不读，我就给她读。我每天晚上给她读几页《达·芬奇传》。两天后，她自己来了兴趣，开始主动要求我读给她听，还主动提了一些问题。

达·芬奇的人生极富传奇色彩，他既是一位天才画家，又在很多领域颇有建树，被人们称为古生物学、植物学和建筑学之父，还是一位多产的发明家和工程师。

孩子的视角与大人不同，大女儿并不关心达·芬奇有多伟大，她真正感兴趣的是一些小故事。比如，达·芬奇画鸡蛋的故事，画《最后的晚餐》的故事，画《蒙娜丽莎》的故事，等等。在这些故事中，达·芬奇那种将科学与艺术结合的思维方式、向大自然学习的想法、极其认真的创作态度、创新精神、强烈的好奇心等感染了孩子。听书的过程中，女儿不时问我一些问题，比如：《最后的晚餐》这幅画还在吗？达·芬奇的手稿为什么会丢失了 2000 多张？

心理学研究表明，偶像是青少年对理想自我的投射，追求偶像的过程，就是追求理想自我的过程。

对家长来说，引导孩子对什么样的名人感兴趣非常重要。让孩子多了解那些伟大的思想家、政治家、科学家、艺术家的故事，对孩子寻找更积极的人生榜样会有很大帮助。

随着年龄的增长，很多孩子崇拜偶像很正常。我的大女儿在初中阶段也开始对一些演艺明星感兴趣。对于孩子崇拜偶像，我和妻子持开放态度，陪她参加过演唱会，也给她一些零花钱去购买明星周边产品。同时，我也经常跟她聊为什么喜欢这个明星，这个明星的成长经历是怎样的，有什么特质。利用明星身上的闪光点对孩子进行正向教育，有助于激发孩子学习、生活的动力。

父母可以跟孩子一起养成一个习惯：多聊聊自己的偶像，聊聊他们的闪光点，聊聊如何成为拥有那些优秀品质的人。

☺ 【小贴士：家长成长心法】

很多家长对孩子崇拜偶像是排斥的，抗拒的，甚至是深恶痛绝的。其实，我们完全可以以平常心看待这件事，这是孩子正常的成长过程。重要的不是孩子崇拜偶像，而是我们如何应对崇拜偶像这件事，如何引导孩子从明星身上找到闪光点、正能量。

✓ 【微习惯亲子践行打卡：聊聊自己的偶像】

家人在一起聊聊自己的偶像：我的偶像是谁？他（她）有怎样的闪光点？如何成为他（她）那样的人？

05 用好"饭桌闲聊"时间，激发孩子的求知欲

Q: 孩子长大了，跟我们说话很少，每天也就吃饭时可以碰个面。每次我问及学习情况，孩子就不耐烦，这可怎么办呢？

A: 饭桌闲聊是家长和孩子沟通交流的好机会，但是如果话题不对，结果就会适得其反。

饭桌闲聊是家长与孩子沟通交流的重要机会。很多家长常常借这个机会和孩子谈学习，结果孩子表现出的往往是抵触和不耐烦，饭桌沟通经常不欢而散。这种情况下，家长需要换一个思路看问题。

我和妻子在饭桌上很少跟两个孩子聊学习，相反，我们常常天南海北地闲聊各种有趣的事情。

有一天，我跟孩子聊自己去外面办事的经历。

我说，现在税务局搬家了，搬到了一个全新的政务服务中心那里。新中心的服务很棒，我办了两个税务事项，原本需要跨区去办理，现在一站式搞定，而且是在自助机器上完成的。工作流程的设计非常智能化和高效，总共只花了5分钟。

新中国成立70周年大庆时，我带孩子们在电视上看了国庆阅兵，还带孩子去看了电影《我和我的祖国》。通过这些，孩子们感受到了我们国家的进步和强大，无形之中也让孩子们与外界产生了更多的连接。

如果我们能让孩子从自己的小世界里走出来，从家庭的小系统里跳出来，让孩子参与更大的系统，让孩子知道自己并不只是父母的孩子，还是国家民族的一份子，还是人类社会的一员，他们就会慢慢明白：学习不只是为自己、为父母，也是为民族、为国家。甚至我们再拉升一下孩子的格局，让孩子与世界、与全人类产生连接，那孩子对学习、生命的看法将更不一样。

心理学上有一个概念叫社会同一性，指的就是个体对自己所属社会的认同感和归属感。这种身份认同，不仅可以提升一个人的自豪感，也可以提升一个人对集体的责任感。 父母要做的一项重要工作，就是让孩子与社会、与国家这个更大的系统产生连接。提升孩子的社会同一性，孩子的内在就会更有力量，学习的动力就会提升，一生的成就也会不同。

可见，饭桌上天南海北地闲聊也是一个很有益的小习惯，会在潜移默化中助力孩子的学习和成长。

饭桌上不要聊太严肃的话题，尽量不谈作业、考试等敏感话题，更不要批评、指责孩子。

☺ 【小贴士：家长成长心法】

作为家长，要对自己有更高的要求，既要保持对世界的好奇，对生活的热爱，对未来的希望，也要多去了解孩子们的语言系统，这样才能更好地同孩子"打成一片"，才能更好地引领孩子成长。

✓ 【微习惯亲子践行打卡：饭桌闲聊】

记录一下，今天的饭桌上，家长和孩子都聊了哪些话题？哪些话题是大家都感兴趣的？

06 让孩子不要带着恐惧去学习

Q: 我的孩子学习很努力，但总是显得很焦虑，担心自己考不好，成绩也不稳定。这怎么办？

A: 面对这种情况，家长要学会洞察，我的孩子是不是带着恐惧在学习？

一天下午，刚上小学的小女儿正在写作业，写了几笔就停了下来，说有些害怕。

我问她害怕什么呢？她说害怕姐姐开始看电视时，自己还没写完作业，这样就不能一起看电视了。说着就要哭出来。我抱住她说："爸爸知道你有些害怕，害怕是可以的，爸爸抱抱。"

抱了一会儿，等她情绪好些，我告诉她："这半页拼音，爸爸猜，你只要一直写，5分钟就可以写完。这样，爸爸给你定一个5

分钟的闹钟，你按照爸爸说的方法，一直写，不要停，看看 5 分钟能不能写完。"

因为情绪被看到，被接纳，她的状态好了很多，听到我这样说，马上来了精神。我定好闹钟后，她立即开始写，写得很认真，最后只用 3 分半就写完了。我对她说："你看，你比你想象的要厉害很多，而且写得又快又工整，你怎么做到的呢？"

她有了信心，面对数学作业的 10 道计算题，说自己只要 3 分钟就可以全部做完。我说："3 分钟太快了吧，怎么也要 5 分钟。这样，爸爸还是定一个 5 分钟的闹钟，看看你可不可以 5 分钟内做完。"结果她只用了两分半就全部做完了，然后她兴奋地跟我连续击掌好几次，把我的手都拍疼了。

在这个过程中，她找到了学习带来的成就感和价值感，忘掉了写作业的恐惧感。

神经科学研究发现：当一个人处于恐惧、焦虑等情绪时，较低级的脑区神经激活十分明显，而负责思考、认知的前额叶皮层就无法接收到与重要事件相关的感觉输入，比如当下的学习内容。相反，一个人在积极的情绪状态下，体内会分泌较多的多巴胺、内啡肽，思考、认知能力更强，长时记忆效果更好，创造力更强，学习效率也会大大提升。

因此，在学习这件事上，父母要引导孩子放下恐惧，多去体验积极的情绪状态。学习的积极情绪包括哪些呢？以下是常见的几种。

（1）好奇：对未知领域的探索欲，对新知识的渴望。

（2）兴趣：对特定学科的浓厚兴趣，使学习成为一种享受。

（3）专注：在学习过程中完全沉浸，体验心流状态。

（4）愉悦：知识增长、能力提升后的内在愉悦体验。

（5）成就感：在学习中取得进步或达到目标时产生的成就感。

（6）满足感：解决难题后的兴奋感和满足感。

（7）效能感：掌握新知识和技能，增强自我效能感。

（8）自主感：自主安排学习内容和节奏，感到自由和控制。

（9）被欣赏：父母、老师、同学等他人给予的肯定和尊重。

（10）归属感：与同学、集体融入及合作，找到归属感。

☺ ◀【小贴士：家长成长心法】

爱和恐惧都是生命的动力，都会驱动一个人去行动，但效果却是不一样的，生命的体验也截然不同。作为家长，应该每天多问自己：今天我的孩子是活在恐惧里多一些，还是活在爱里多一些呢？

✔️ 【微习惯亲子践行打卡：良好感觉】

记录今天孩子在学习中体验的积极和消极的感受。

07 孩子学进去了，家长自然放开手

Q: 我家孩子总是学不进去，我明白心流状态的重要性，那应该如何引导孩子在学习中找到心流体验呢？

A: 实现心流体验是有步骤和方法的，我们可以帮助孩子发挥感性的力量。

很多时候，决定我们喜不喜欢一件事的，不是我们的理性思维，而是我们的感受和体验。

心理学研究发现，感性的力量远远大于理性的力量。 心理学家用大象与骑象人来比喻感性与理性的力量对比。人的感性就像大象，理性就像骑象人，力量单薄的骑象人如何能与庞大的大象角力呢？所以，无论我们愿不愿意承认：很多时候，感性会战胜理性，我们其实是跟着感觉走的。

上一节，我们分享了学习中的积极情绪和消极情绪。如果我们期待孩子爱上学习，要先想想孩子有没有体验过学习带来的愉悦感。如果我们期待孩子做作业专心，要先想想孩子有没有体验过完全投入一件事情的专注。如果我们期待孩子爱上数学，要先想想孩子有没有体验过解答一道数学题时全神贯注的忘我状态。

上一节分享的积极情绪中的一个就是专注学习时的心流状态。

心流又称福流，是心理学家米哈里·契克森米哈赖提出的一个概念，指的是人们在做某些事情时表现出的全神贯注、投入忘我的状态。在这种状态下，人们甚至感觉不到时间的流逝，并且在事情完成后会产生非常强烈的满足感。

一个经常在学习中体验心流的孩子，会把学习当成玩游戏一样享受的事情。这样的孩子，学习成绩很难不好。

如何引导孩子更多地体验心流状态呢？以下是一些有助于进入心流状态的步骤及方法。

（1）明确目标：帮助孩子设定清晰、具体且有适度挑战的学习目标，让他们知道学习的方向和目的。

（2）为孩子创造安静、整洁的学习环境，减少干扰，帮助他们集中注意力。

（3）合理安排学习时间，避免长时间的连续学习，可以采用番茄工作法等，通过短暂的休息来保持注意力。

（4）鼓励孩子探索自己感兴趣的领域，兴趣是最好的老师，有兴趣的学习更容易产生心流体验。

（5）教会孩子自我评估和反馈，让他们了解自己的学习进度和需要改进的地方。

（6）帮助孩子逐步提升学习技能，让他们在掌握新技能的过程中体验到成就感。

（7）确保孩子不会因为过度压力而失去学习乐趣，适当的压力可以激发动力，但过度压力则可能导致焦虑和逃避。

:) 【小贴士：家长成长心法】

家长的理解和支持对孩子享受心流体验至关重要，家长应该成为孩子的学习伙伴，而不是压力来源。

✓ 【微习惯亲子践行打卡：心流体验】

家长与孩子各自分享自己的心流体验经历。

08 只要遇见难题，孩子就不想做，怎么办

Q: 我家孩子很聪明，学习成绩也不错。但我感觉他总是逃避困难，遇见难题就不想做，这怎么引导呢？

A: 面对这样的情况，家长要重点引导孩子培养成长型思维。

孩子在学习中一定会遇到各种困难和挑战，这是非常正常的。面对困难，有的孩子可以不畏挑战，迎难而上；有的孩子则会习惯性地退缩或逃避。问题出在哪儿呢？究其原因，前者具有成长型思维，后者往往是固定型思维。

心理学家卡罗尔·德韦克提出了成长型思维的概念，强调个人能力是可以通过努力和学习来提高的。具有成长型思维的孩子，往往具有以下一些行为特征。

- 不害怕困难和挑战，有勇气应对一些超出自己能力范围的事。

- 面对困难不会退缩，而是积极寻找解决办法，相信凡事都有三种以上的解决方案。

- 积极学习和探索，善于模仿成功做法。

- 非常努力，相信努力可以获得成功。

- 对待失败的态度更加积极，将失败视为学习和成长的机会，而不是自我价值的否定。

- 对待批评更开放，愿意接受批评，并将其作为改进和提高的反馈。

- 具有内在动力，可以自我激励，不需要外部奖励或惩罚来推动自己前进。

- 享受学习和成长的过程，而不仅仅是结果。

固定型思维与成长型思维相反，是另一种心智模式。具有固定型思维的人倾向于相信个人的能力是一成不变的，以下是一些固定型思维的行为特质。

- 倾向于避免挑战，害怕失败和暴露自己的不足。

- 喜欢标榜自己聪明，认为努力是不够聪明或有天赋的标志。

- 对失败常常有消极反应，将一件事的失败视为整个人的失败，而不是学习和成长的机会。

- 更关注成绩和结果，而不是学习和成长的过程。
- 经常与他人比较，以证明自己的能力。
- 可能固守过去的成功或失败，而不是将其看作成长的一部分。

固定型思维的行为特质会限制孩子的学习和成长。通过引导孩子意识到这些特质并努力培养成长型思维，可以让孩子更积极地面对学习和生活中的挑战。

如何培养孩子的成长型思维呢？家长的引导非常重要，建议家长做好以下两点。

（1）在肯定、欣赏孩子时，多夸奖孩子的努力和过程，而不是天分和能力。研究发现，如果家长经常称赞孩子在做事过程中的努力，孩子更愿意尝试应对挑战性问题。可以多说："通过自己的努力，你终于做到了！""你学习的时候很用心！""你在认真地思考！"而尽量少说："你是个特别聪明的孩子！""你的记忆力真好！""你不费劲就进步这么大！"等。

（2）允许孩子犯错，在孩子犯错、失败、退步时，以平常心看待，不去苛责，而是引导孩子进行总结，让孩子学会在失败中成长。小女儿刚上小学时，一次放学后见了我就哭，说数学单元测验考了 78 分，全班最低。我说考不好没关系，重要的是现在都学会了吗。她说都学会了。我说那就可以了。后来第二次测验她考了96分，第三次考了100分。考100分时，我没有夸她聪明，而是故意问她怎么做到的。她开心地总结说，上课认真听讲，放学认真写作业，不懂就去问老师。这个过程就让孩子体验到：一时不够好，比不上别人没有关系，只要持续努力学习，就会有进步！

☺ ◄【小贴士：家长成长心法】

　　培养孩子的成长型思维，核心在于家长也拥有成长型思维，用成长的心态去看待孩子，去看待自己，用接纳代替评判，用鼓励代替苛责，用爱代替恐惧！

✔ 【微习惯亲子践行打卡：成长型思维习惯】

　　记录自己最近的一个进步，并描述进步的原因以及自己为此做了哪些努力。

09 不吼不叫陪孩子写作业

Q: 我每天最痛苦的事情就是陪孩子写作业，经常因为写作业跟孩子发生冲突，孩子也越来越不喜欢写作业了。他不让我陪他，可我又不放心。我该这怎么办呢？

A: 孩子写作业，家长是陪还是不陪？如何陪？这可是一个技术活儿。

关于陪不陪孩子写作业这件事，众说纷纭。有的家长说不用陪，要让孩子知道学习是自己的事；有的家长说要陪，不然孩子不肯认真写，错误率也高，家长和孩子都得被老师批评。

关于陪写作业这件事，其实不是简单的陪与不陪的问题，核心问题是：如何引导孩子养成独立完成作业，并为自己的学习负责的习惯。如果通过一段时间的陪伴，孩子达成了这样的目标，那么这种陪伴就是值得肯定的；如果家长从来不陪孩子写作业，孩子对自己的学习不负责任，我们就不能说不陪是对的。

教育孩子，重要的是因材施教，这很考验家长的智慧。

我的女儿幼小衔接和刚入小学时，在养成写作业习惯时，我和妻子做了一些陪伴，陪伴的目的是协助孩子养成一些良好的习惯，同时保护孩子的学习兴趣。

6 岁的小女儿学拼音时，她每天写一个拼音字母，一个字母写半页。写完，妻子就会找出她写得最好的几个，用红笔圈出来，说这几个写得特别好，孩子就很高兴。后来，她每次写完，自己就拿红笔把写得最漂亮的字母圈起来，并打上大大的对号，这让她对写作业产生了好的感受。

很多家长是这样陪孩子写作业的：孩子做得好的方面，视而不见；发现孩子做得不好的，马上指出来让孩子改。同样的题，孩子又做错了，家长就大为光火。陪伴孩子写作业的过程弥漫着家长焦虑、急躁、愤怒的情绪，慢慢地，孩子就把写作业与负面感受联系在了一起，形成了条件反射，开始抵触写作业，抵触学习。

家长这样挑错、纠察式的陪伴方式，只看到问题的思维方式是黑点效应的体现。

在家长沙龙上，我做过一个实验：在一张白纸上画一个黑点，问家长：你们看到了什么？ **90%** 多的家长说看到一个黑点，只有极少数家长说看到了一张白纸。这是人类思维的一个重要特点：问题聚焦，也称为黑点效应，即我们总是对问题很敏锐。但是，如果我们带着这样的思维方式去陪伴孩子写作业，就会出现很多冲突。

拒绝黑点效应，多多看到孩子做得好的方面，保护孩子的学习兴趣，同时引导孩子看到自己的成长和进步，这是家长和孩子要共同培养的思维习惯。

【 小贴士：家长成长心法 】

家长要清楚自己的角色定位：我们要成为孩子的人生导师，而不是补课老师。人生导师的作用是引导孩子的梦想建立、三观培养、品德塑造等重要方面。家庭教育和学校教育的分工和作用是不同的，**家庭教育的核心是培养孩子成人，学校教育的核心是培养孩子成才**，家长要懂得抓重点，做好自己的本职工作。

✅ 【微习惯亲子践行打卡：拒绝黑点效应】

家长记录下孩子写作业时的亮点表现，拒绝黑点效应。

10 让孩子学会自己检查作业

Q: 孩子的老师总是要求家长检查孩子的作业。我很纠结，应不应该这样做呢？

A: 检查或者不检查都是可以的，各有益处和弊端，家长要用智慧去衡量其中的利弊，并有自己的教育目标。

两个女儿的老师经常在家长群要求家长督促孩子完成作业，有时还要求家长检查作业，有错的就在家里改好。

当两个孩子进入小学高年级后，我就不再陪孩子写作业了，也不会去检查孩子的作业是否都做对了。如果被老师批评，那也是孩子应该承担的后果。被批评一次，孩子下次就会注意。更重要的是，孩子也懂得了学习是自己的事。这样的教育方法可以被称为：**自然后果法。**

自然后果法是法国启蒙思想家卢梭提出的一种教育方法。强调让孩子体验自己行为的自然后果，而不是由父母或老师强加惩罚。这种方法可以帮助孩子学会自我调整，并理解行为与后果之间的关系。

这个方法既可用于孩子的道德品格培养，也可以用于学习习惯培养。以下是自然后果法在教育中的应用。

（1）明确规则。与孩子一起制定清晰、合理的规则，并解释这些规则背后的原因。比如孩子要自己检查自己的作业，为自己的学习负责。

（2）告知后果。在孩子做出选择之前，告知他们如果违反规则可能会发生什么自然后果。比如作业不完成可能会被老师批评，不认真背单词成绩可能会下降，等等。

（3）允许孩子根据自己的意愿做出选择，即使这可能导致不愉快的后果。

（4）在应用自然后果法时，保持一致性非常重要，这样孩子才能学会预测自己行为的后果。

（5）在孩子经历不愉快的后果时，表达同情和理解，提供必要的情感支持。

（6）引导反思。帮助孩子反思自己的行为和所经历的后果，引导他们思考如何改进。

（7）鼓励孩子根据自然后果调整自己的行为，以避免未来的负面结果。

（8）提供正面反馈，当孩子做出正确的选择并体验到积极的效果时，给予正面的反馈和鼓励。

自然后果法是一种有效的教育方法，可以帮助孩子发展自我控制能力和解决问题的能力。同时，也可培养孩子对自己的行为负责任的思维习惯，对孩子的成长意义重大！

☺ ◀【小贴士：家长成长心法】

家长都希望孩子不要走弯路，希望孩子一直走在正确的道路上，走在直线上，尽快获得成功。这种想法是不合理的。**世上的路都是弯弯曲曲的，孩子成长的路也是弯曲的。允许孩子走弯路，允许孩子从错误中学习，反而是最有效的教育。**家长不要害怕孩子会受伤，孩子只有经历挫折，内心才能更有韧性，才能真正强大起来，才能实现人格的独立。

✅【微习惯亲子践行打卡：自然后果法】

家长和孩子分享自己在成长经历中都承担了哪些自然后果，以及从中学习到了什么。

11 考不好也没关系

Q: 我家孩子平常学习成绩还是不错的，就是一考试就紧张，导致他发挥不好。怎么引导呢?

A: 这就需要升级一下孩子对考试的认知了!

大女儿上初中时，有一天，我们一起去吃汉堡，边吃边聊到了刚结束的期中考试。

她说，期中考试语文试卷里有一道关于四大名著人物的题，可惜她答错了。我问她现在知道正确答案了吗?她说知道了。我说那就好，**考试就是把会做的题做对，把不会做的，在考试后继续学会!** 所以考试做错了题，没关系。

她又说:"语文试卷中有一道题去年考试就出过一个词，当时没有写对，这次又出了这道题，这次完全写对了。"我马上说："太好了，这就是考试的意义，你做得非常好！"

我又问她这次期中考试感觉怎么样？她说挺好的，挺开心的！我也很开心，因为孩子在享受考试和学习！

当家长对孩子有很高的期待，对结果的重视又高于过程时，孩子就会对考试有较大的心理压力。

如果家长对孩子的期待是适度的，对结果没有那么看重，并让孩子对考试有一个正确的认知：考试就是把会做的题做对，把不会做的，在考试后继续学会。那么，孩子就可以更加轻松地面对考试，成绩反而会更好。

◡◠ ◀【小贴士：家长成长心法】

家长对孩子有期待，这是正常的，但是期待要合理。过高的期待对于孩子是一种压力，过大的压力对孩子的学习是有负面影响的。如果我们对孩子学习成绩的期待远高于孩子的能力，那么我们就要去觉察，我们是不是把我们的自我价值、人生期待都转移到孩子身上了呢？这对孩子是否公平呢？

✓ 【微习惯亲子践行打卡：考不好没关系】

　　总结孩子最近一次考试，告诉孩子考不好没关系，并让孩子查漏补缺，进行考后复盘，一起轻松面对每一场考试。

12 专注写作业，从一张整洁的书桌开始

Q: 我家孩子在学习上一点儿也不专注，在家写作业时总是东张西望，一会儿摆弄玩具，一会儿捏橡皮，一会儿要吃水果，总是惹得我发火。这可怎么办呢？

A: 别急，我们要先鉴别一下是孩子专注力出了问题，还是我们对专注力有误解。

　　几年前，小女儿小学入学前，我和妻子给她买了专属的书桌和椅子。书桌上的摆设非常简单，只有笔筒和几本她喜欢的书。书桌前的墙上贴了一张她喜欢的太阳系海报。她想在书桌上多放几本书，还想把自己喜欢的玩具摆件都放在书桌上，被我们拒绝了。这是因为我知道书桌越简洁，孩子的专注力就会越高，越容易养成专注学习的好习惯。

当家长说自己的孩子专注力差的时候，要觉察一下，孩子是不是真的专注力差，以下几种情况需要注意。

第一，专注力是一种心理资源，而且是一种会被消耗的资源。孩子的专注力会被各种事物消耗，有的消耗来自环境，比如书桌上各种有吸引力的玩具、漫画书等；有的消耗来自家长，如经常打断孩子。

第二，心理学研究发现，不同年龄的孩子的注意力一次性集中的时间是不同的。人类的专注力由大脑前额叶控制，而大脑前额叶是大脑中最晚发育完成的区域，需要到 25 岁左右才完全发育完成。这意味着儿童、青少年的大脑处于没有完全发育成熟的状态，他们不能完全控制自己的行为和专注力。

专注力随着孩子年龄的增长而提升。一般来说，小学一、二年级的孩子，注意力可持续 10 ~ 20 分钟；三、四年级的孩子可持续 30 分钟左右；小学高年级孩子可持续 40 分钟以上。如果家长要求一个一、二年级的孩子在书桌前专注地写半个小时作业，那孩子是很难做到的，因为我们的要求超出了孩子的正常生理极限。

第三，脑科学研究发现，人类大脑中控制注意力的是前额叶皮质区，当这些脑区的神经元一起释放信号时，就会在神经元共振的情况下形成伽马波，产生专注力。专注力包含以下三个维度。

（1）持续性：专注力的持续时长。

（2）切换性：两项任务之间做出反应的时间。

（3）爬升性：从散布式注意到高强度专注的时长。

研究发现：没有人在三个维度上都具有优势。也就是说，有的孩子可能持续性很好，但是切换性差，更换一个新任务时，需要更多时间进入专注状态，或者有的孩子进入高强度专注需要更多时间。所以，在专注这件事上，没有孩子是完美的。

第四，还有的孩子无法专注是因为内心有很多没有被疏导的情绪，比如焦虑、愤怒、委屈、恐惧等，这跟家庭关系和家庭教育密切相关，可参看本书第三章内容。

第五，专注的最佳状态是心流状态，如何让孩子在学习中进入心流状态，前文已经介绍过。

当然，确实存在少部分儿童因为生理因素专注力较差，这种情况可以通过专门的训练进行调整。

总之，培养孩子的专注力，我们需要从简单整洁的环境、合理的期待、心流体验、学习动力等几个方面入手，而不只是在行为上进行控制和要求。

【小贴士：家长成长心法】

面对孩子的问题行为，家长要明白，孩子问题行为的背后存在很多种复杂因素。一个孩子学习不专注，很可能不只是生理上的专注力问题，也可能是因为孩子的学习动力不足、内在积压了很多情绪、环境中吸引眼球的东西太多等因素综合作用的结果。家长要有系统思维，才能更好应对孩子成长中的各种问题。

✅ 【微习惯亲子践行打卡：提升专注力】

为了培养孩子的专注力，家长都做了哪些努力呢？

13 掌握费曼学习法，学一遍不如讲一遍

Q: 我家孩子学习挺自觉，还算努力，但成绩一般。有没有什么好的学习方法可以帮他提高成绩呢?

A: 费曼学习法可以帮助孩子事半功倍。

有一天，一位妈妈向我咨询了一个问题，她说："老师，我家孩子上初中，学习成绩很不错。但有一点让我很担心，很多同学向他请教问题，他每天都会花很多时间给同学讲题。我劝他说这样你自己学习的时间就少了，能不能让同学去问老师，结果他不听。老师，你说我该怎么去引导他呢? "

我回应她："你知道你的孩子为什么成绩好吗? 就是因为他经常给同学讲题！"

孩子给别的同学讲题，非但不是坏事，反而是有助于学习的好事。

首先，孩子能够给别的同学讲题，说明他有一颗助人利他之心，品德优秀，这难道不是我们教育孩子的目的吗？

其次，给其他同学讲题，会让孩子很有价值感、成就感，也会让他拥有好人缘，对提升学习状态有非常大的帮助。

最后，传授他人知识其实是非常先进的学习方法，这种方法叫费曼学习法。

费曼学习法被称为"最牛"的学习法，源于诺贝尔物理学奖获得者理查德·费曼。

费曼学习法认为，验证学习者是否真正掌握了一个知识，就看他能否用直白浅显的语言把复杂深奥的问题和知识讲清楚。该学习法的核心理念是，用输出倒逼输入，它能够帮助学习者提高知识的吸收效率，让学习者真正理解并学会运用知识。

费曼学习法的具体应用方式为：向不熟悉该知识的人解释该知识（或者向假想的人讲解），用他们能理解的方式及最简单的语言给他们讲解。发现自己不能理解的地方，再回头查看课本或资料，直到能用简单的语言解释清楚。

美国国家训练实验室提出的学习金字塔也表明，教给他人者，其学习留存率可以达到90%，远远高于听讲、阅读等被动学习。

费曼学习法与其说是一种学习方法，不如说是一种思维习惯。

不论是成年人，还是孩子，如果能养成这种思维习惯，很多事情都能事半功倍。

☺ ◀【小贴士：家长成长心法】

　　家长要鼓励自己的孩子多帮助同学，比如给同学讲题。这既培养了孩子利他的优秀品格，也有助于自己的学习，何乐而不为呢？

✓ 【微习惯亲子践行打卡：实践费曼学习法】

　　家长和孩子都记录下自己今天向他人传授了哪些知识。

14 学会康奈尔笔记法，让学习效率翻倍

Q: 我家孩子的笔记本完全不能看，写得潦草不说，也没有什么条理。这怎么引导呢？

A: 记笔记其实是有方法的，我介绍一种全世界公认的高效笔记法。

很多孩子不会记笔记，他们要么记得很详细但缺乏重点；要么写得混乱，缺乏逻辑。

美国康奈尔大学的教育学教授沃尔特·鲍克发明了一种可以帮助人们高效学习的笔记法——康奈尔笔记法。该笔记法经过半个世纪的验证，被公认为最有效、最具科学的笔记法。

康奈尔笔记法相对于传统的笔记方法有以下几个特点。

● 帮助人们有效理解笔记内容。

- 有利于理解记忆，而不是死记硬背。

- 促进主动思考而不是被动接收。

- 帮助知识总结和输出，更易产生灵感。

- 易于复习和查找，可活学活用。

康奈尔笔记法运用简单，任意一个笔记本都可以用康奈尔笔记法记笔记，具体步骤如下。

第一步：将笔记本的页面用两条线分成三个部分：笔记栏、线索栏、总结栏。页面左边 1/3 为线索栏；底边 1/6 为总结栏，右上侧区域为笔记栏。

第二步：在笔记栏记录老师讲的知识点、黑板板书或者阅读笔记等。注意有选择地记录要点，不要什么都写，训练孩子更清晰、快捷、有重点地记笔记。

第三步：课后复习时填写线索栏，用于梳理笔记内容。将笔记栏内容提炼成一个个小问题，如："如何理解 ×× 公式？"。完成这个部分是在训练孩子向自己发问，主动思考，快速抓住重点。

第四步：书写总结栏。在完成笔记栏和线索栏之后完成总结栏，将这一页的内容总结成几句话。完成这个部分就是在训练孩子学会归纳总结、提炼要点。

康奈尔笔记法能改变孩子的认知和思维模式，从而提升其学习效果。

第一章 1.4 康奈尔笔记法的原理和应用

谁发明的？

- 康奈尔大学
- 教育学教授沃尔特·鲍克

如何用2步画出
康奈尔笔记？

- A4纸张
- 左6厘米，下5厘米（左1/3，下1/6）

笔记栏
- 笔记主体
- e.g 老师讲课、板书
- 记重点，快速短句

康奈尔笔记有
哪3个区域？

分别有什么功
能？

线索栏
- 提炼问题，内容索引
- 课后整理

总结栏
- 归纳总结
- 最后整理

- 康奈尔笔记——左6厘米，下5厘米
- 3个区域：笔记栏、线索栏和总结栏
- 分别记录笔记主体、提炼问题和归纳总结

【小贴士：家长成长心法】

康奈尔笔记法适用于所有年龄段的人，家长可以先学起来，然后分享给孩子，这样孩子更容易接受。永远记住：身教胜于言教。

✔️ 【微习惯亲子践行打卡：实践康奈尔笔记法】

和孩子一起运用康奈尔笔记法完成学习笔记。

15 21件小事，提升记忆力

Q: 我的孩子天生记性不好，昨天刚背过的课文，今天就忘了，天生不是学习的料。这可怎么办？

A: 记忆力其实不是天生的，有些家长对记忆力有误解。

很多人认为记忆力是天生的，与父母的基因有关，其实不然。科学研究发现，那些有着过目不忘的超常记忆力的人的大脑与一般人的大脑相比没有什么不同。英国伦敦大学的麦克夸尔博士研究了争夺"世界记忆冠军"桂冠的 8 位顶尖记忆高手的大脑，通过对这些人的大脑进行了扫描，他发现他们的大脑与常人在生理上没有任何显著的不同之处。

科学家们普遍认为：**记忆天才出自勤奋训练！** 同时，记忆力还与饮食、运动、情绪等都有关。

如何提升孩子的记忆力呢？在日常生活和学习中，引导孩子做好以下21件小事，可以帮助孩子提升记忆力。

（1）健康的饮食：均衡的饮食有助于大脑健康，同时有些食品有助于提升记忆力，如大豆、蛋黄、猴头菇、枸杞、鱼、橄榄油、核桃、黑巧克力等。

（2）有规律的运动：定期参加体育锻炼可以提高大脑的血流量，促进神经细胞的生长。

（3）充足的睡眠：早睡早起，保证充足的睡眠，因为睡眠对记忆巩固至关重要。

（4）特定的时间：早上和晚上睡觉之前是记忆力最好的时间。

（5）脑力训练：通过解谜、策略游戏或学习新技能来锻炼大脑。

（6）重复练习及复习：通过重复练习来加强记忆，可参考艾宾浩斯遗忘曲线的记忆规律。

（7）联想记忆：将新信息与已知信息或个人经历联系起来，以帮助记忆。

（8）视觉辅助：使用图形、表格、思维导图或彩色笔记等将信息可视化。

（9）故事记忆：将信息编织成故事，使其更加有趣和易于记忆。

（10）分组记忆：将信息分成组块，一次只记忆一部分。

（11）记忆宫殿：一种古老的记忆技巧，通过在心中构建一个"宫殿"，在其中放置不同记忆"图像"。

（12）多感官学习：结合视觉、听觉和触觉等多种感官来学习。

（13）组织信息：将信息组织成逻辑结构，如列表、类目、层次，可使用思维导图进行知识梳理。

（14）传授他人知识：将所学的内容传授他人可以加深自己的理解和记忆，参见前面介绍的费曼学习法。

（15）高效记笔记：参考之前介绍的康奈尔笔记法。

（16）减少压力：长期压力对记忆有负面影响，学习放松技巧如深呼吸、冥想等。

（17）保持乐观：积极的心态、懂得感恩有助于吸收和记忆信息。

（18）限制电子设备的使用：减少对电子设备如手机和电脑的依赖，可提高记忆力。

（19）提升与记忆力有关的激素水平：多运动可提升乙酰胆碱和睾酮水平；多接触大自然及晒太阳可提升 5- 羟色胺水平；开怀大笑可提升多巴胺水平；亲密的家庭关系及肢体接触可提升催产素水平等。

（20）自信可提升记忆力：父母、老师的肯定和欣赏，以及孩子对自己的自我欣赏可以提升记忆力。

（21）充足的学习动力可提升记忆力：好奇心、兴趣、求知欲、价值感等都是学习动力的组成部分。

把以上这些小事做好，养成良好的微习惯，孩子的记忆力就会不断提升。

这 21 件小事（尤其是第 16 ~ 21 件）都与家长密切相关，与家庭关系，与父母的教育理念，与父母的教养方式直接相关。家长需要持续学习来提升自己，同时给孩子提供更适宜的成长环境，帮助孩子提升记忆力。

☺ ◀【小贴士：家长成长心法】

植物要茁壮成长，需要有肥沃的土壤。对孩子来说，父母就是他们的土壤。作为家长，我们要多问问自己：我们够肥沃吗？支持到孩子的成长了吗？

✅ 【微习惯亲子践行打卡：21 件提升记忆力的小事】

家长和孩子共同记录，今天为了提升记忆力，我做了哪些小事。

16 学会行动扳机法，写作业不拖拉

Q: 孩子答应好了要完成作业，但总是拖拖拉拉不去做，直到我忍无可忍，大发雷霆，他才开始写。有没有什么好办法可以提升孩子学习方面的执行力呢？

A: 心理学上有很多提升执行力的方法，我介绍一个非常好用的方法：行动扳机法。

纽约大学曾经做过这样一项有趣的心理学研究。老师告诉一组大学生，如果上交一份自己新年那天做了哪些活动的文章，就可获得额外学分。条件是：文章必须在 1 月 1 日那天上交。这一组学生都有意愿撰写并提交文章，但最终如期完成的人仅有 33%。另外一组大学生也是同样的条件，但被要求提前规划好写文章的时间和地点，比如，"早晨在书房写这篇文章"。结果，这一组学生交出报告的比例高达 75%。

这项研究告诉我们，**做事情时，设定的时间和地点越具体，人的执行力越强。**

这种设定好的情境被心理学家称为**行动触发扳机。**

跟孩子定好早餐后在自己的书桌前学习数学，比只约定今天完成数学学习更容易执行。如果没有定好时间和地点，孩子会花好多时间考虑到底是上午学习还是下午学习。做这些决定和选择就会消耗很多内在能量。选择多了，反而影响行动。

再比如，如果一个人想养成去健身房健身的习惯，他可以设定下午下班后立即就去健身房健身，而不是每天在不确定的时间去健身房。在这里，"下班"就成了去到健身房这一行动的触发情境，避免了每天选择行动时间的反复思量和精神内耗。

对于引导孩子养成良好的学习习惯这件事，家长自己先要养成一些良好的习惯，增加自律性。

☺ 【小贴士：家长成长心法】

有人说，孩子没有问题，如果有问题，一定是家长的问题。

这句话可能有些偏颇，不过，作为家长，我们确实需要不断提升自己的智慧，这样才能有效引导孩子成长，避免问题的发生或者有效解决已经发生的问题。

✅ 【微习惯亲子践行打卡：行动扳机法】

姓名	计划培养的习惯	行动触发扳机	践行结果

17 开个家庭读书会，让孩子爱上阅读

Q: 都说养成阅读习惯很重要，但是我家孩子就喜欢玩手机、打游戏，不喜欢看书，怎么说他都不管用，骂也没有效果。怎么办？

A: 让孩子养成好习惯的前提是，他对某个行为有好感或感兴趣，孩子不喜欢看书，家长应反思一下自己的教育方式。

一位家庭教育专家说过，**教育就是设前因生后果！**我们可以总结一个公式：**熟悉感＋好感＝遇见.**

孩子从小对文言文有好感，那么将来在中学学习文言文时，就不会有畏惧心理，就可以轻松遇见文言文。

除了父母的身教，还有一个让孩子养成阅读习惯的方法分享给

大家，那就是开家庭读书会。

为了转移孩子对手机和电视的注意力，让孩子养成阅读的好习惯，我们经常在家里开家庭读书会。

虽然我家只有四个人，但我们也有标准的读书会流程：每期读书会都设有一个领读人，四个人轮流担任。领读人先做欢迎致辞，接下来每个人做自我介绍，轮流阅读书中的内容，分享学习感受。最后领读人总结，合影留念。

第一次家庭读书会，我们读的是大女儿选的一个绘本，是一个关于孩子们给妈妈做生日早餐的故事。分享讨论时，小女儿说通过这本书学会了如何做饭；大女儿说自己已经在做饭了，今天的花卷就做得很好；妈妈说期待自己生日时，也享受书中那样的床上早餐，大家立即说没问题；我分享说最近学会了包饺子、烙大饼、蒸馒头，都是重要的烹饪技能，做饭让我快乐！每期读书会我们都聊得非常开心，有时读书会前我们还会做些游戏活跃气氛。我们做了十几期家庭读书会后，大女儿还自己动手制作了一个小视频，纪念我们的读书会。

家庭读书会轻松愉快的氛围让孩子们越来越喜欢阅读。当时只有 6 岁的小女儿也跟我们一起读书，遇到不认识的字，她就问我们。这大大提升了她的识字量，训练了孩子的总结归纳能力和语言表达能力。

开家庭读书会是一个很好的培养孩子阅读习惯的方法，家长可以带着孩子组团读书，和孩子一起爱上阅读。

☺ ◀【小贴士：家长成长心法】

　　做父母并不是一件轻松的事情，我们不能只靠嘴巴教育孩子，而是要身体力行给孩子做榜样。做父母也要时刻保持学习的心态，父母好好学习，孩子才能天天向上！

✓ 【微习惯亲子践行打卡：和孩子一起读书】

今天和孩子一起读了哪本书？学到了什么？

18 与手机做朋友

Q: 我家孩子很喜欢玩手机，心思完全不在学习上，作业总是草草完成，然后马上拿起手机玩得不亦乐乎。家里面经常因为手机问题吵得鸡犬不宁。

A: 手机确实给我们的家庭教育带来了前所未有的挑战，不过，我们也要觉察，我们对"玩手机"是不是有误解？

我家两个女儿都很喜欢玩手机。

两个孩子每天都有各自玩手机的时间，大女儿 12 岁时每天有 1 个小时的时间可以玩手机，小女儿 6 岁时每天有半个小时的时间可以玩手机。周末和假期，两个孩子常常在家学习，作业也完成得很棒，都不需要我们操心。

在我们家，我们不仅允许孩子玩手机还经常和孩子一起玩手机。每天中午午饭后，全家人会一起玩半个小时手机。我们玩得最久的手机游戏是一个盖房子的小游戏。有一天，我对大女儿说："爸爸的梦想是建一所家长学校，让家长们在优美的环境中学习家庭教育。我们可不可以在这个游戏中把这个学校建起来呢？"大女儿听后拍手赞同，还帮我画了一张家长学校的设计图。然后，我们四个人就按照设计图一起盖起了教学楼、图书馆等，甚至还做了绿化工作。整个过程我们一起玩得不亦乐乎。家长学校建成之际，我们还搞了一个开学典礼，邀请了十几个家长和小朋友也登录游戏参加我们的庆祝活动。

在陪伴孩子一起玩手机的过程中，我发现了家长跟孩子一起玩手机游戏的几点好处。

（1）改善了亲子关系。爱一个人就陪他一起做他喜欢的事情，家长陪孩子玩他们最喜欢的手机游戏，这不就是最好的陪伴吗？亲子关系改善后，家长对孩子的影响力也会提升。

（2）提升了孩子的价值感。玩手机游戏通常是孩子比父母玩得好。玩游戏的过程也伴随着孩子对父母的指导，我和妻子对女儿的肯定、欣赏、赞美、认可一直不离口，孩子找到了很大的成就感和价值感。

（3）提升了孩子各方面的能力。大女儿承担了家长学校总设计师、总建筑师的角色。她设计图纸、自己带头施工，还给我们分配工作，并指导我们加快施工进度。她还负责剪辑家长学校阶段性介绍的视频，配音乐、加字幕，这个过程中大大提升了她的设计能力、规划能力、领导力、视频剪辑能力等。

（4）一起玩游戏的过程中，父母的价值观不仅对孩子形成潜移默化的影响，还强化了我自己要创建家长学校的决心。我把这些感受分享给孩子，也让孩子们感受到父母对梦想的追求，感受到父母要造福社会的初心，这也在无形中影响了孩子的价值观。

所以，父母不是非得阻止孩子玩手机，也可以跟孩子一起玩手机游戏。

每一个问题背后都隐藏着良机。孩子玩手机可能是一个问题，但却隐藏着家长教育孩子的机会。

手机并不是我们的敌人，而是我们的朋友，手机已经成为我们日常生活中不可或缺的一部分。买东西需要手机支付；乘坐地铁，需要手机扫码；开车，需要手机导航；学习新知识，需要用到学习APP；连孩子做作业、交作业，都要在手机上完成。

如果一个孩子从来不玩手机，那么他将很难适应当下和未来的社会环境。要想让孩子利用好手机，父母要先放下对手机的敌意。家长应该合理运用手机这个工具，和孩子一起学会与手机做朋友。

【小贴士：家长成长心法】

很多家长认为手机是万恶之源，孩子出了问题就甩锅给手机，这其实是在推卸自己的责任。当家长不能负起引导责任时，孩子玩手机才会演变成问题。

☑ **【微习惯亲子践行打卡：与手机做朋友】**

亲子分享手机如何帮助了自己。通过手机，自己学习到了哪些东西。

19 玩手机也要讲规矩

Q: 我家是有手机使用时间规定的，但是孩子老耍赖，根本不执行，我该怎么办呢？

A: 孩子耍赖，根源是家长允许孩子耍赖。

手机是我们的朋友，也是很好的工具，但是工具如果掌控不好，就可能反过来影响我们的工作、学习和生活。当下，很多孩子就被手机掌控了。

引导孩子管理好手机，有两个关键词：爱与规则。

家长允许孩子使用手机，同时也要有明确的手机使用规则，并严格执行，这样才能让手机物尽其用，而不是反过来控制孩子。

很多时候，孩子超过了约定的玩手机时间，孩子还想玩，家长为了不和孩子发生冲突就妥协了，一再妥协之后，规则就消失了，孩子玩手机就成了问题。

我们家的手机使用规则是通过家庭会议的方式制定的。全家人达成共识后，家长和孩子一起遵守。

妻子有段时间在努力减少使用手机时间方面做得很好。大女儿看了妈妈手机上每日使用手机时间的统计，觉得妈妈的做法很不错。于是，大家商量后，达成了一个新的共识：每个人都设定每天手机和平板电脑的使用时间。因为工作需要，我的手机使用时间是 5 个小时，妻子是 6 个小时，大女儿除了网课时间外，玩手机的时间是 1 个小时；小女儿是半个小时。然后我们都在手机上开启了手机使用时间管理，时间一到，手机上的 APP 将不能使用。

同时，我们约定每天晚上回顾每个人的执行情况，没有超过目标时间的，可以在每日生活管理打卡表上打钩；超过的，从第二天时间中扣减时间。我们会试行几天，如果目标不合理，可以再调整。后来，这些规则获得了很好的执行。因为对于自己参与制定的规则，孩子更愿意执行。

手机使用时间是一个很敏感的话题，在很多家庭里，家长和孩子很难达成一致意见。为什么在我们家可以达成共识呢？我认为主要原因有三点。

（1）父母的榜样作用。妻子经常跟全家人分享自己的成绩，最近使用手机的时间减少了多少。有了榜样的作用，全家谈论这个话题时就很容易达成共识。

（2）全家一起做，而不是只要求孩子做到。这样孩子觉得很公平，不会觉得规则是针对自己的，更容易接受。而且，孩子也希望全家都管理好自己的手机，这样亲子之间会有更多的陪伴时间。

（3）在家庭会议上讨论规则问题，更容易通过。

☺ ——【 小贴士：家长成长心法 】

　　如果孩子在手机管理方面有问题，那么父母要先进行反思，我们是如何把这个问题培养出来的？然后，父母要学会用爱与规则引导孩子管理好手机！

✔️ 【 微习惯亲子践行打卡：爱与规则 】

　　和孩子一起制定手机时间管理规则，并相互监督，共同践行。

---

20 手机不是唯一的能量出口

Q: 我家孩子一天到晚"宅"在家里，除了上网课、写作业，就是玩手机、看电视。想带着他去户外散散步，逛逛公园，但他就是不肯出门，只想玩手机。这可怎么办？

A: 家长要创造更多的能量出口，除了玩手机，还有很多能量出口可以让孩子释放天性。

　　人的心理能量是需要出口的，家长不让孩子玩手机，那就要提供更多的能量出口给孩子，不然孩子还是会想方设法去玩别的东西。

　　要想让孩子减少对手机的依赖，家长就要为他们提供有趣且有益的替代活动，以下是一些可以替代玩手机的好方法。

（1）户外活动：鼓励孩子参与户外活动，如骑自行车、爬山等。

（2）体育运动：让孩子参加体育运动，如游泳、打篮球、练武术等。

（3）艺术创作：我家大女儿进入青春期后，很长一段时间喜欢宅在家里，她喜欢做手工、拼乐高、绘画。我们就买了很多她喜欢的玩具给她，她经常做得不亦乐乎，还把一些作品作为礼物送给我们。

（4）文艺演出：青春期的大女儿喜欢看音乐剧和演唱会，我们经常陪她一起观看各种演出。

（5）阅读：提供各种类型的书籍和阅读材料，培养孩子的阅读习惯。

（6）科学实验：在家进行简单的科学实验，激发孩子对科学的兴趣，这也是我家小女儿很喜欢的一种方式。

（7）游戏和拼图：提供各种桌面游戏和拼图。我家大女儿就是一个拼图的高手，特别喜欢拼图。

（8）社交活动及夏令营：鼓励孩子与同龄人进行面对面交流，或者参加亲子课程、夏令营等。每个假期，我家孩子都会参加各种夏令营，既学习到了很多东西，也认识了很多新朋友。

（9）志愿服务：让孩子参与社区服务或志愿活动，培养他们的社会责任感。

（10）学习新技能：鼓励孩子学习新的技能或爱好，如烹饪、园艺、编程等。

（11）家庭活动：与孩子一起参与家庭活动，如家庭种植、家庭读书会等。

（12）照顾宠物：如果家里有宠物，让孩子参与照顾宠物。

（13）旅行和探险：组织家庭旅行或探险活动，让孩子体验不同的文化和环境。

（14）博物馆和展览：带孩子参观博物馆、科技馆或艺术展。

（15）学习音乐或乐器：鼓励孩子学习一种乐器，参与音乐活动。

（16）参与家务：让孩子参与适合他们年龄的家务劳动，既培养了孩子的责任感，也能帮孩子释放能量。

（17）社会体验：我家大女儿喜欢收集一些明星周边产品，包括各种卡片等，她不只是收集，还在网上销售，忙得不亦乐乎，这也增加了她的社会体验。

通过提供这些替代活动，可以帮助孩子探索手机之外的世界，减少孩子对手机的依赖，促进他们的全面发展！

☺ 【小贴士：家长成长心法】

　　做家长不容易，做一名好家长更不容易，需要很多耐心，

需要花费很多精力，也需要非常用心。

✔ 【微习惯亲子践行打卡：能量出口】

　　除了玩手机，还和孩子一起做了哪些事情呢？

第二章

16 种社交微习惯

让孩子会社交、会表达、情商高

好的社交关系是建立自信的重要源泉

人是社会性动物，社会关系是人与人之间的连接。

孩子很小的时候，他们主要和自己的父母（或其他养育者）进行连接，生活的重心是亲子关系。孩子上小学后，他们会越来越多地和同学、朋友进行连接，生活的重心开始向社交关系转移。

好的社交关系，可以让孩子在同龄人中找到归属感，让孩子觉得自己是被认可的、受欢迎的。这也是孩子获得自我价值感，建立自信的重要源泉。

社交关系是影响孩子学习成果的重要因素，也是决定孩子未来人生成就的基础因素。因此，孩子懂不懂得经营社交关系对于孩子当下及未来的人生至关重要。

当然，生活不可能总是一帆风顺的，孩子们在人际交往中总会遇到这样或那样的困扰。

- 慢热，总是难以融入新的朋友圈子。
- 太在意别人的眼光，容易讨好别人。

- 情商不高，总是和别人发生冲突。

- 比较自我，不喜欢和别人分享。

- 没有安全感，不太合群。

- 人多的时候紧张，不敢在公开场合表达自己。

  ……

这些问题如果处理不好，不仅影响孩子的人际关系，还可能导致孩子在与他人交往时越来焦虑，甚至产生社交恐惧，最终影响学习状态和学习成绩。

要想让孩子和他人建立融洽的关系，家长需要帮助孩子养成一些良好的与人相处的习惯。

本章中，我们主要从社交基础、社交技能、社交心态、社交思维、社交压力等方面来分享对孩子的成长有益的社交习惯。

首先，良好的人际关系从家开始。一个在家庭内获得足够安全感的孩子，在家庭外与其他人交往时才会更有底气，更自信一些。

其次，社交本身是包含了很多方法和技能的。比如见面时如何打招呼，如何把握好交往的分寸，如何与人沟通，如何进行演讲等，这些都是需要孩子慢慢学习的。

当然，社交不仅是一种技能，更是一种心态。怎样让孩子在与人相处时更有包容心，如何让孩子在与人相处时不讨好他人，这些都是社交中很重要的问题。

21 会社交，从与父母好好相处开始

Q: 我的孩子爱抱怨老师，他如果不喜欢一个老师，那一门功课一定不好，怎么讲道理都不管用。怎么办呢？

A: 孩子与老师的关系出问题，本质上是孩子与权威关系出了问题，一定要重视。

个体的社交关系模式是其家庭关系模式的延伸。

一个孩子与自己的父母关系良好，进入学校，与老师的关系大概率不会差；长大进入社会，与领导的关系也能处理好。一个孩子在家庭里与兄弟姐妹关系良好，进入学校，与同学的关系大概率也不会差；进入社会，与同事、朋友的关系也能处理好。孩子父母关系良好，这个孩子未来的亲密关系大概率会很好。

很多孩子处理不好与老师的关系，本质上是孩子不懂得如何与权威相处，而与权威的关系模式来自与父母的关系模式。父母、老师、领导在个体的潜意识中其实都代表权威。孩子在家庭里对父母唯唯诺诺，将来对老师、领导也会如此；孩子对父母不尊重，对老师、领导也会常常发出挑战；孩子如果对父母关爱、尊重，那么对老师、领导大概率也会如此，未来在社会上获得成功的概率就会更高。

在很多家庭里，孩子对父母的态度不是关爱、尊重，而是颐指气使，这样的孩子进入学校，对老师也会非常挑剔，不懂得尊重。出现这样的状况，问题不在孩子，而在家长，是家长没有引导孩子如何向上爱。

在很多家庭里，孩子是家庭的核心。父母、爷爷奶奶、姥姥姥爷都围着孩子转，把全部的爱都给孩子，满足孩子的各种合理或不合理的需求。所有人都要照顾孩子的情绪，甚至讨好孩子。这些行为的背后是家庭秩序的错位，即"父母是大的，孩子是小的"这样的秩序颠倒了。家庭秩序颠倒的后果是灾难性的，是各种家庭问题、孩子偏差行为层出不穷的根源。

培养孩子拥有良好的人际关系、健全的人格，关键是让孩子学会向上爱，即让孩子懂得爱父母、爱爷爷奶奶、爱姥姥姥爷等长辈。

让孩子养成向上爱、孝顺长辈的习惯，最直接、有效的办法就是让孩子做家务，成为家庭中的小小顶梁柱。

😊 【小贴士：家长成长心法】

每个父母都是爱孩子的，但是爱不应该是单向的，要让孩子学会将爱回流，用自己的行动来表达对父母的爱。让孩子向上爱，不是父母的需要，而是孩子成长的需要！

✅ 【微习惯亲子践行打卡：向上爱】

父母带着孩子一起向上爱，父母爱自己的父母，自然会潜移默化地影响孩子。记录每个人是如何爱自己父母的。

时间	践行人	孝顺父母的行为	践行结果

22 快速融入新环境，从一个微笑开始

Q: 我发现，我家孩子比较难融入新的朋友圈子，有没有好的办法呢？

A: 社交快速破冰有很多方法，微笑是最简单、最容易实施的一个！

我们发现，有的孩子很容易融入新圈子，而有的孩子则比较困难。融入新圈子，有两个关键因素：一是孩子的意愿；二是新圈子的认可。要想获得新圈子的认可，一个最简单、成本最低的方式便是微笑！

俗话说，爱笑的人运气都不会差。我们也可以说，爱笑的人人缘也不会差。心理学研究发现，小小的微笑在社交中有着大大的作用。微笑可以增加人的吸引力，使其在人群中更显眼，更受欢迎。

首先，微笑是一种非语言社交信号，它表明一个人是有亲和力

的，是友好和开放的，这有助于缓解对方的防御和戒备。

其次，微笑能够传递积极情绪。当人们看到别人笑时，他们往往也会感到快乐和放松。

最后，微笑反映了一个人对生活的积极态度，这种态度是具有感染力的，能够激励周围的人。

总之，微笑是一种强大的社交工具，能够促进人际关系和谐发展，提升个人魅力，并带来许多积极的影响。

作为家长，应当引导孩子多微笑，让微笑成为一种习惯。

孩子不爱笑，怎么办？

如果孩子很少微笑，家长要洞察一下自己是不是也很少微笑。

按照具身认知理论，我们的身体和心灵本是一个系统，它们相互关联，相互影响。改变身体动作，会直接影响心理状态，即使是挤出来的微笑，也会给心理带来正向的影响，久而久之，发自内心的微笑就会生出来。

微笑改变社交，微笑改变人生，微笑改变未来！

如果孩子平时笑得比较少，那就带着孩子一起微笑打卡吧！

😊 ◀【小贴士：家长成长心法】

让孩子微笑其实很容易，但让一个成年人微笑往往很难。

我们经常说，相由心生，外在的容貌其实是由内在决定的。如果我们的内心感觉到生活的美好，外在的微笑就很自然；如果内心感觉很痛苦，外在自然不会放松。如果我们希望自己的笑容是由内而外的，需要多做内在修炼。

✅ 【微习惯亲子践行打卡：笑对人生】

用手机自拍亲子照片，每个人都要微笑并露出八颗牙齿，然后发圈吧，至少连续打卡21天。

23 有礼貌，处处有人相助

Q: 我家孩子学习成绩挺好的，但和人相处的时候不会打招呼，言行举止不够礼貌，容易让别人感觉不舒服。我要现在就进行引导，还是不用管？

A: 孩子需要从小养成懂礼貌的好习惯。不过，不能操之过急，要循序渐进，从点滴小事做起。

小女儿小学一年级期末考试后，从学校拿回来两个奖状，其中一个是文明礼貌标兵奖。奖状上写着"尊敬师长，爱护同学，获得文明礼貌标兵"。

社交的本质就是人与人的交往。与他人交往，最重要的就是尊重和自己交往的人。孩子身上的礼貌和教养就是对他人最直接的尊重。懂礼貌、有教养的孩子自然会受人欢迎，这在心理学上被称为"被众人接纳的程度高"。

社交礼仪要从小培养。不过很多家长不以为然，认为社交礼仪是繁文缛节，并不重要，认为孩子只要学习好、有真本事就好了，礼貌的事孩子长大了自然就懂了。其实不然，一片空地上，不种庄稼，就会长杂草。没有养成良好的习惯，孩子就很容易形成坏习惯，习惯一旦养成，长大后再改就很难了。如果我们希望自己的孩子能够受到更多人的欢迎，有更多人相助，就要引导孩子从小养成有礼貌的好习惯。

培养孩子有礼貌是一个渐进的过程，需要父母的榜样作用和耐心指导。以下是一些引导孩子有礼貌、懂礼仪的方法。

（1）以身作则：作为父母或监护人，自己要做到有礼貌，因为孩子会模仿大人的行为。

（2）明确要求：清楚地告诉孩子具体的礼仪，包括如何待人接物、如何使用礼貌用语、如何分享等。

（3）设定规则：在家庭中设定一些基本的礼貌规则，并确保所有成员都遵守；教会孩子使用"请""谢谢""对不起"等基本的礼貌用语。

（4）角色扮演：通过角色扮演的方式让孩子练习礼貌行为。

（5）正面强化：当孩子表现得很有礼貌时，给予积极的反馈。

（6）提供情境指导：在特定情境下，给孩子具体的指导。

（7）阅读相关图书：选择一些教授礼貌和社交技巧的图书，和孩子一起阅读并讨论。

（8）纠正不礼貌行为：当孩子有不礼貌行为时，及时纠正，并解释为什么这样做是错的。

（9）避免公开指责：在纠正孩子不礼貌行为时，避免在公共场合指责或羞辱孩子。

（10）培养同理心：帮助孩子理解他人的感受，培养他们的同理心。

通过这些方法，孩子可以在不同的社交场合养成讲礼貌的好习惯，这对他们的个人成长、社交和学习都是非常重要的。

【小贴士：家长成长心法】

礼貌、礼仪是一个人内在修养的外在表现。 内心懂得尊重他人的孩子，比较容易做到有礼貌、讲礼仪。而有自尊的孩子才会尊重自己、尊重他人。让孩子有自尊的前提是：父母要懂得尊重孩子，父母之间也要互相尊重，营造互相尊重的家庭氛围。

【微习惯亲子践行打卡：做个有礼貌的人】

记录今天每个人是如何做到有礼貌、讲礼仪的。

24 让分享成为习惯

Q: 我家孩子有点小气，手里的零食和玩具再多，也不懂得和别的小朋友分享。怎么办才好呢?

A: 孩子不喜欢分享不是非常严重的问题，要沉得住气，多给孩子一点自我成长的时间;适当引导孩子学会分享，帮助孩子更快地成长。

有的孩子不管到哪里都能和周围的小朋友打成一片，交到很多好朋友;而有的孩子总是独自一个人，能玩到一起的朋友很少。其中的差别在于孩子在社交中是否懂得分享。

分享是一种很重要的社交能力。分享就是把自己拥有的美好事物和别人共同享受，比如分享食物、分享玩具等。分享是一种付出与给与。懂得分享的孩子，更容易得到其他孩子的喜欢，更容易赢得友谊。

学会分享很重要，但孩子建立分享意识并不是一个容易的过程。

有的孩子对自己的物品很敏感，看护得特别紧。别的小朋友一碰自己的玩具，他就立马夺回来，或者哇哇大哭。这个时候，有的父母会生气，要么指责孩子小气、自私，要么强行替孩子分享。

其实，孩子不肯分享并不代表孩子有问题，也不能说孩子的行为就是错的。

从年龄上来说，两岁左右的孩子正处于建立自我意识的关键阶段，这个年龄段的孩子是不具备分享能力的。他们认为我的就是我的，谁也不能夺走。

我的小女儿在两岁的时候，也不懂得分享。不仅不让外面的小朋友碰自己的玩具，连姐姐碰她的玩具也不行。但是她长大一点点后，也逐渐开始和经常玩的小朋友分享好吃的，甚至分享自己的玩具。

有一次我带小女儿在小区广场的游乐场玩，碰到一个年龄比较小的男孩独自在沙堆旁玩沙子，小女儿就主动把自己的玩具拿给小男孩玩，两个人很快就开心地玩到一起了。

如果孩子不懂得分享，家长不要太着急。孩子的心智成熟需要一个过程，分享能力的建立也需要一个从无到有的过程。家长要多一点耐心，让孩子慢慢拥有分享意识。

当然，如果孩子到了一定的年龄（比如 3 岁多）还不懂得分享，父母就需要考虑给一些引导了，以帮助孩子树立分享意识。

引导孩子学会分享有一个小技巧，那就是带孩子出去玩的时候随身带一些小礼物。可以是好吃的，比如饼干、巧克力、水果之类；也可以是好玩的，比如贴纸、小玩偶之类。在孩子和其他小朋友一起玩时，家长可以适当引导孩子把小礼物分享给身边的玩伴。

在选择小礼物时要遵循一个原则：**避开孩子的沉迷期。**如果孩子现在特别喜欢一个玩具，父母让孩子把它分享给别人，孩子肯定不乐意。但如果孩子玩一个玩具已经很久，现在玩它的兴趣不那么强烈，这时拿出去分享，孩子的抵触心理就会小很多。

此外，要想让分享成为孩子的一种习惯，关键是让孩子感受到分享并不是失去一样东西，而是传递一种快乐。

要让孩子认识到，分享是互惠互利的。你给别的小朋友一点好吃的，别人也会给你好吃的；你给别的小朋友布娃娃玩，别的小朋友可能会给你小汽车玩。分享通常是双向的交换，这样的分享会带来更多的快乐。

当孩子能切身体验到分享的快乐时，分享就很容易成为一种习惯。

☺ ─〖小贴士：家长成长心法〗

分享很重要，但不可以强制分享。家长需要意识到，当孩子不想分享的时候，他可以不分享。

✔️ 【微习惯亲子践行打卡：分享礼物】

今天和小伙伴分享了什么小礼物? 感觉怎么样?

25 会倾听比会说更重要

Q: 我的孩子表达能力强，平时也挺爱说话，但我发现他的好朋友很少。这是怎么回事呢？

A: 孩子在社交中受不受欢迎，除了看孩子会不会说话，还有一点也很重要，那就是孩子会不会倾听。而倾听往往是容易被很多家长忽略的。

在培养孩子的人际沟通能力方面，家长们往往看重表达能力，而忽视倾听能力。比如家长让孩子参加口才班、主持人班等，都在强调孩子表达能力的重要性。

会说话的孩子在公众场合确实更容易得到别人的关注，也更容易得到好评。

在很多人的意识中，会说话就是会社交，会社交就是会说话。

实际上，人际交往是一件很复杂的事情。会说固然是一件很棒的能力，但还有一种能力比会说更重要，那就是会倾听。

举一个简单的例子，你身边有两个人，一个在和你聊天时能说会道，不管什么话题都能够侃侃而谈，口才一流；另一个和你聊天时很安静，不管你说什么都会认真地注视着你，倾听你的述说。面对这样的两个人，你会有什么样的感受？

显然，你会觉得第一个人很厉害，然后和第二个人成为亲密的朋友。因为和倾听者在一起你会感觉特别放松。也就是说，前者赢得了好评，后者赢得了关系。

这是为什么呢？

人在关系当中存在这样一种心理逻辑：**我喜欢和你在一起，不是因为你很好，而是因为和你在一起让我感觉我很好。**

在沟通过程中，善于倾听的人会让对方觉得原来这个世界上有人这么关注我，有人这么在乎我，从而产生自己的内心被看见、被理解的满足感。这样的感受和体验是最打动人的。

所以，真正善于沟通的人都明白这样一个道理：能言善辩不如洗耳恭听！倾听看起来是一种被动技能，但在拉近彼此关系方面，它的威力是巨大的。

家长要让自己的孩子成为一个会沟通、情商高的孩子，就要有意识地培养他的倾听能力。

具体怎么做呢？可以让孩子从以下几点做起。

首先，别人说话时保持安静，保持专注，认真听对方在说什么。

其次，不轻易打断别人的话。家长可以提醒孩子，和别人沟通时，不管自己有多好的想法也要等别人把话讲完再去表达。

最后，对大一点的孩子，家长可以提醒孩子在倾听时，关注对方的情绪和感受。

在沟通过程中，倾听主要听两方面的内容：一是听对方在说些什么；二是关注对方说话时的情绪和状态。了解对方的情绪，有助于孩子更好地和对方建立联系。

【小贴士：家长成长心法】

家长要想让孩子和别人沟通时会倾听，首先要做到自己和孩子沟通时会倾听孩子。我们在和孩子相处的过程中要反思，自己有没有只顾着说，而忽略了孩子当下真实的想法？父母是孩子的榜样，父母认真倾听孩子，孩子才认真倾听他人。

✅ 【微习惯亲子践行打卡：写倾听卡】

今天在和谁聊天时我做到了安静且专注地倾听?

26 一个拥抱，让沟通变得有温度

Q: 我家孩子挺喜欢交朋友的，但我发现一个问题，就是他和很多小朋友玩得时间都不长。有人说我的孩子情商不高，言行举止容易让别人不舒服，怎么办？

A: 要想提高孩子的情商，有一个思路是培养孩子做有温度的人。孩子能给小伙伴们带来温暖，和他人相处久了自然会受欢迎。

我们经常和孩子说，人际交往中要给别人留下好印象。那么，怎样才能给别人留下好印象呢？

人们有一种错觉，认为给人留下好印象关键是一个人表达的内容（比如说的话）是否有趣，是否有水平。其实不然。

心理学上有一个"7-38-55"法则，由美国心理学教授艾伯特·麦拉宾提出。"7-38-55"法则指的是我们对一个人的感觉和印象，说话的内容所占的比重只有 7% 左右，说话时的语气、语调、语速等听觉传达所占的比重为 38% 左右，而说话时的肢体动作、表情等视觉传达所占的比重高达 55%。

也就是说，你给别人留下什么样的印象，最重要的不是你的语言表达，而是你的身体表达。

有一次，我家小女儿因为一件小事生气了，坐在地上哇哇地哭。爸爸妈妈上去轮番地哄，讲了各种好话都无法平复她的情绪。这个时候，大女儿上前将妹妹抱在怀里，一会儿摸摸妹妹的头，一会儿用手擦去妹妹脸上的泪水。一番操作下来，她几乎没说几句话，小女儿就停止了哭泣。

这件事让我明白，**有时候你说一百句好话，可能都没有一个拥抱效果好。**

家长要想提高孩子的人际交往能力，让孩子成为有温度的社交小达人，不能只从口才着手，还要注意非语言沟通能力的培养。

具体来说，家长可以从以下方面对孩子进行引导。

（1）和别人说话时多进行眼神交流。

俗话说，眼睛是心灵的窗户。眼神交流更容易产生以心易心的畅快感，甚至让彼此觉得心有灵犀。这样的交往最能打动人。

（2）注意说话的语气。

说话的语气很重要，它代表了说话者对他人的看法和态度。温和的语气会让人如沐春风，感受到被尊重；有攻击性的语气则让人如坐针毡，难以忍受。

说话时，要多用陈述语气，这样的语气最真诚。要尽量避免反问语气、命令语气，因为这样的语气会让人心生不满，容易引起冲突和矛盾。

（3）多使用身体语言。

人与人之间的交流不只有说话一种维度，人与人之间的沟通也不是从开口说话那一刻才开始的。

日常生活和学习中，要让孩子多练习一些表示友好的肢体动作：

见面时热情地挥手打招呼；

听别人说话时保持专注并及时回应；

和朋友一起玩耍时多进行身体接触，比如手拉手、搭肩、击掌等；

安慰别人时可以拍拍别人的背，或者给他一个大大的拥抱。

【小贴士：家长成长心法】

　　人际交往中，要想给别人留下好的印象，首先要做的就是做好自己。父母在培养孩子的社交能力时，要先从培养孩子良好的品行开始，而不是只关注说话技巧，或者社交套路。这样，孩子才能成为小伙伴眼中值得信赖的人。

✅ 【微习惯亲子践行打卡：一件温暖的小事】

　　最近我做的哪一件事温暖了别人？

27 培养演讲力，让孩子敢当众说话

Q: 我家孩子平时说话还好，但一到人多的场合就紧张，不敢上台说话。这种情况怎么改善？

A: 可以着重培养一下孩子的演讲力，当然对孩子来说，重要的不是演讲的技巧，而是好的心态。

现在，家长们越来越重视培养孩子在公众场合表达的能力，即演讲力。

新到一个班级，要向老师和同学们介绍自己；竞选班干部，要在众人面前做竞选演说；聚会的时候，要和好朋友分享自己感兴趣的话题，等等。不管是正式的场合，还是非正式的场合，孩子们都需要用到演讲力。

当然，演讲不是一件容易的事情。面对众人的目光，孩子感到紧张、焦虑，甚至是恐惧，都很正常。好在我们可以通过锻炼来提升演讲力。

首先，让孩子觉得演讲是一件好玩、有趣的事情。

有一年秋天，我们全家去郊区的一片枫叶林看红叶。大女儿在树林里被一群蝴蝶吸引，就拿着随身带的扑网玩起了扑蝴蝶的游戏。回到家后，她把这次游玩的经历写了下来。在妈妈的提议下，大女儿还在家族群里用语音的形式做了一次小小的演讲，分享这次郊游中有趣的经历。

语音发到群里后，亲友们纷纷点赞夸奖。大女儿也很开心，拿着手机反复回听自己的这次演讲。

要想让孩子对演讲感兴趣，最好先从孩子感兴趣的事情入手。

比如有的孩子喜欢绘本、童话故事，有的孩子爱看动画片、电影，有的孩子爱玩轮滑、打篮球等运动，这些都可以作为选题，让孩子用演讲的方式做分享。

当我们讲述自己感兴趣的事情时，演讲就不再是一件让人焦虑的事，而是一件让人享受的事。这可以帮助孩子远离演讲焦虑，爱上演讲。

其次，让孩子找到适合自己的演讲模式。

一段演讲好不好，主要取决于以下两点。

一是演说的内容好不好，精彩不精彩；二是演说的表现方式有没有感染力，是否吸引人。这分别对应两种表达方式。

一种是中心路径说服。就是围绕自己演讲的主题摆事实、讲道理。这是一种就事论事、以理服人的演讲模式。

理性的孩子更适合这种演讲风格。他们看重逻辑，喜欢分析事情背后的道理，喜欢挖掘事情深层次的价值和意义。所以，他们的演讲更有深度、更具说服力。

另一种是外周路径说服。这种演讲模式的关键不是分享的内容，而是分享的方式。比如用一种激情澎湃的语调来进行演讲，通过感染力打动听众。再比如用丰富、独特的肢体动作来吸引听众。

感性的孩子，或者说气质独特的孩子更适合这种演讲风格。他们可以用自己独特的演讲形式来影响别人，打动别人。孩子找到适合自己的演讲模式，才能将自己和演讲建立起深度的连接，并将演讲当成一种表达和展现自己的方式。

最后，让孩子表达自己最真实的声音。

孩子们的世界很真实，只有说他们内心最真实的想法，才能让孩子们有表达的欲望。所以，**最好的演讲，永远属于那些敢于表达自己心声的孩子。**这也是演讲本身的价值所在。

【小贴士：家长成长心法】

有的家长在培养孩子的演讲力时功利心比较强，想要的是孩子成为电视上的小演说家，为自己赢得光彩。这样容易把孩子带偏。我们应该从孩子自身出发，让孩子找到演讲的乐趣，这样演讲才能成为孩子的一种习惯。

✔ 【微习惯亲子践行打卡：一次演讲】

在最近一次什么样的活动中，我勇敢地站出来发表了演讲?

28 敢于说不，守护好边界

Q: 我的孩子和别人相处时有点像"老好人"，同学提出无礼要求，他也不敢拒绝。这是不是有问题呢？

A: 这说明孩子可能难以坚定地守护好自己的心理边界，内在也缺乏力量拒绝他人。

有一天，小女儿放学回到家很生气地说："笑笑她们几个人今天跟我说，让我不要再跟莉莉玩了，不然她们都不跟我玩。她们凭什么这样要求我？"妻子问："那你后来怎么做的呢？"她说："我没有理她们，她们不跟我玩才好呢，我课间就有更多时间学习了，我好好学习，超过她们！"

我和妻子都笑了，感到很欣慰，因为我们的孩子有自我边界，并坚定地守护了自己的边界，没有被他人胁迫。

心理边界是指个体在情感、行为和认知上与他人保持适当距离的界限。这些界限帮助个体定义自己的身份、需求、感受和责任，同时也保护个体不受他人的负面影响。心理边界是个体自我认同和自我价值感的重要组成部分，在人际关系中起着至关重要的作用。

心理边界的建立和维护对于个体的身心健康至关重要。它能使个体保持自我完整性，发展独立性，建立健康的人际关系，并保护自己免受伤害。当个体的心理边界受到侵犯时，可能会引发焦虑、抑郁、自我价值感下降等心理健康问题。因此，学会识别和维护自己的心理边界对个体的发展非常重要。

父母要引导孩子建立自己的心理边界，并坚定地维护自己的边界，敢于说不。

如果孩子暂时还做不到这点，家长应该如何引导呢？

首先，家长要主动觉察背后的原因。比如自己是不是经常侵入孩子的心理边界，对孩子不够尊重，对孩子有很多的控制和操控？在一个没有边界的家庭环境中长大，孩子很难学会为自己设定边界。父母尊重孩子的边界，孩子才能建立自己的边界，才有力量对侵犯边界的人说不。

其次，可以通过角色扮演的方式让孩子练习在不同情境下维护自己的边界。同时，在孩子需要时，家长要提供情感上的支持和鼓励，帮助他们处理边界被侵犯的问题。

【小贴士：家长成长心法】

家长要尊重孩子的心理边界，同时家长要有自己的心理边界，敢于向入侵者说不，也包括向孩子的无礼要求说不。

✓ 【微习惯亲子践行打卡：敢于说不】

为维护自己的心理边界，我们要敢于向他人说不。亲子打卡，记录下自己勇敢说不的事件吧！

时间	记录人	情境描述	勇气贴纸

29 带着同理心处理冲突

Q: 我家孩子脾气有点急，和别的小朋友一起玩耍时，经常因为一点小事发生冲突，对别人很小的过错也不依不饶，这导致很多小孩都不和他玩了。该怎么引导孩子呢？

A: 孩子和别人在一起时不够包容，问题出在同理心上，可以从培养孩子的同理心入手。

生活中，我们经常遇到这两种类型的孩子。

一种孩子脾气好、心大，和别人相处过程中发生冲突时往往能替别人考虑，不会得理不饶人。这样的孩子往往很受欢迎，身边的朋友也很多。

另一种孩子敏感、心小，和别人交往的时候吃不得一点亏，受不了一点委屈，经常在很小的事情上发很大的脾气。这样的孩子往往朋友很少，别人对他敬而远之。

这两种孩子主要的差别在于同理心发展水平不同。

同理心是一个心理学概念，又叫共情，指的是一个人在人际关系中，能够换位思考，站在别人的角度思考问题；能够感同身受，设身处地地照顾对方的感受。同理心强的人，会让人觉得温暖，因而大家都愿意靠近他，愿意和他成为很亲密的朋友。

如果我们想让自己的孩子成为受欢迎、朋友多的人，可以有意识地培养和锻炼孩子的同理心。

具体怎么做呢？

首先，**有同理心的孩子，一定曾被人深深地共情过。**通常来说，这样的共情发生在父母养育孩子的过程中。

孩子不小心把碗打碎了，父母没有责怪孩子笨手笨脚，而是提醒孩子不要动，别被碎渣扎到手脚；孩子不敢打预防针，害怕得直哭，父母没有批评孩子胆小，而是抱着孩子说："我知道你怕疼，爸爸妈妈小时候也怕疼，也吓得哇哇哭，但后来发现其实打针不是很疼，一下就过去了，相信你会和爸爸妈妈一样勇敢的。"

当家长总是怀着同理心和孩子相处，包容孩子的脆弱，谅解孩子在一些事情上的差错时，孩子会认为，包容别人，体谅别人是像吃饭喝水一样自然的事情。父母共情孩子，孩子才有能力共情身边的人。

其次，引导孩子换位思考。

有一次，我们全家去郊外春游。在一条小河里孩子们抓了很多蝌蚪。要回家了，小女儿想把小蝌蚪也带走。我就问她："小蝌蚪要是被带走了，回不了家，它的妈妈会怎么样？"

"它妈妈会很着急。"小女儿说。

"小蝌蚪找不到妈妈会怎么样？"

"小蝌蚪会害怕，会想妈妈。"

"那我们还要把小蝌蚪带走吗？"

"不带了，现在我就把它们放回河里，让它们找妈妈去。"

很多时候，小孩子缺乏同理心，不是他们自私，而是他们没有体会到别人的感受。如果家长平时注意引导，让孩子习惯性地关注别人的感受，体会别人的心情，孩子的同理心很容易被激发出来。

最后，同理心也有底线。

有些情况是不能用同理心对待的，比如有的孩子乱给人起羞辱性的外号，有的孩子抢东西，有的孩子一不高兴就打人等。面对这样的情况，家长要提醒孩子先保护自己，而不是一味地妥协和忍让。并不是所有的人都要共情，也不是所有的事都要共情。

☺ 【小贴士：家长成长心法】

如果家长发现自己的孩子和小朋友相处时不够包容，一方面要积极引导，帮助孩子学会体谅他人；另一方面也要保持耐心，给孩子成长的时间。在培养同理心这件事上，家长不可操之过急。

✅ 【微习惯亲子践行打卡：包容别人】

记录最近在哪一件事情上，我做到了包容别人？请为自己点赞。

30 拥有不讨好的勇气

Q: 我家孩子活泼开朗，很喜欢出去和小朋友们玩。但是我发现她和别人在一起时总是讨好别人，什么事都让着别人，也不敢拒绝，总是怕别人不高兴。这种情况怎么处理?

A: 一个人要想摆脱讨好的牢笼，首先要拥有不被喜欢的勇气。

讨好是通过顺从、迎合他人来得到他人的认可和喜欢。

讨好最大的问题不是对别人好，而是没有底线地委屈自己。如总是把自己喜欢的玩具和零食送给别人；和别人发生冲突时总是先说对不起，即便不是自己的问题。

这样的做法或许可以暂时得到别人的喜欢，但在这样的关系里个体并不会感到真正的开心。

讨好的初衷是得到别人的认可和喜欢，但很多时候你真正得到的，却是被嫌弃、被欺负和被伤害。

如果孩子在社交中有讨好他人的倾向，家长该怎样应对呢？

可以从治标和治本两个方面来应对。

治标的话，家长可以这样做。

（1）提醒孩子关注自己的感受：我开不开心？我喜不喜欢？同样是对别人好，有的好是分享，而有的好则是讨好，最大的区别，就是自己的感受。孩子把玩具给小伙伴玩，如果孩子开心，小伙伴也开心，这就是分享；相反，如果孩子不开心，小伙伴开心，那就是讨好。

（2）提醒孩子不可能所有人都喜欢你，要拥有不被喜欢的勇气。有一次，女儿说班里有一个同学总是借她橡皮，然后不还。她很不高兴，但是怕不借的话那个同学就不喜欢自己了。我说："不喜欢你就不喜欢吧，我们没有必要让所有人都喜欢自己。"小孩子心智不成熟，以为有人不喜欢自己都是自己的问题。家长要让孩子明白这个总有人喜欢你，也总有人不喜欢你。面对不喜欢你的人，就让他们不喜欢好了，要拥有不被喜欢的勇气。

治本的话，要从根源上解决讨好的问题，关键是提升孩子的自我价值感，让孩子自信起来。

一个人自我价值感的高低，取决于两种认可。一种是他人对自己的认可，另一种是自己对自己的认可。人人都希望得到认可，如果一个人自己不认可自己，他就会把所有的希望都寄托在别人的认可上，结果就是容易讨好他人。

孩子自我价值感低，最常见的原因是父母的养育方式存在问题。如父母习惯性地指责孩子，或总是挑孩子身上的毛病等。

父母要想让孩子获得足够的自我价值感，在日常生活中要多鼓励孩子、肯定孩子，让孩子感觉到父母是认可自己、爱自己的。这样孩子才会内心富足，更有底气。

一个内心有爱、有底气的孩子，他的潜意识不会允许自己去讨好别人。

〔小贴士：家长成长心法〕

太乖的孩子容易缺乏自我，在社交中会讨好他人。所以，要想让自己的孩子阳光自信不讨好，就要先接受养育一个不那么乖的孩子。

✅ **【微习惯亲子践行打卡：取悦自己】**

在日记本上写下一句话：先取悦自己，再取悦他人。

31 保持社交距离，关系再好也要有分寸感

Q: 我家孩子和小伙伴一起玩耍时，说话、做事总是没有分寸，很容易和别人发生冲突。怎么办才好呢？

A: 孩子言行没有分寸，是因为他只能关注到自己的感受，看不到别人的感受。家长要想办法让孩子意识到，自己的一些做法是可能伤害别人的。

大女儿在班里有一个好朋友沫沫，之前她俩关系非常好，经常一起玩。

有一天，大女儿说不喜欢和沫沫一起玩了。我问为什么，大女儿说："她老是管我，课间休息的时候不让我说话，还不让我和别的同学玩。所以我很不喜欢！"

沫沫的做法其实就是在社交中没有分寸感的一种表现。

分寸感类似于心理学中社交距离的概念，指的是人们在交往中，不管是身体上还是心理上，都存在着一种距离。有分寸感的孩子，会和别人保持适当的社交距离，让彼此都感到舒服；没有分寸感的孩子，往往会越界，让别人感到尴尬，甚至是反感。

刚才的例子中，我的大女儿之所以对好朋友沫沫不满，就是因为对方没有把握好两个人相处时的社交距离。

朋友之间是平等关系，你可以关心对方，也可以对对方有某些期待，前提是不能妨碍对方的自主性。有的孩子控制欲比较强，总希望身边的人做事时符合他的想法。这样的话，两个人就不再是平等的关系，而是支配与被支配的关系了。显然，这是一种越界，两个人的关系必然会被破坏。

家长要培养孩子注意分寸感，可以从以下两方面着手。

一是让孩子理解什么是社交距离。

讲大道理孩子可能很难理解。家长可以借用刺猬理论给孩子进行解释。刺猬理论，是指两个刺猬在一起如果靠得太近很容易扎到对方，所以彼此之间需要保持合适的距离。如果孩子和他人相处时经常越界，父母可以提醒孩子："小心你身上的刺扎到别人哦！"

二是在具体的行为中让孩子注意分寸感。

大女儿晚上写完作业后，喜欢去找小区里的好朋友玩。我和她做了一个约定：你可以去找小伙伴玩，但不要进别人家里玩。一来这可能不礼貌，二来这也可能不安全。这就是在具体的情境中，告诉孩子要注意什么样的距离和分寸。

日常生活中，以下这些做人做事的分寸必须让孩子知道。

- 没有经过别人的允许，不要动别人的东西。
- 别人分享的小秘密，不要告诉第三个人。
- 可以给别人建议，但不要替别人做决定。
- 尊重别人，不给别人起外号，贴标签。
- 可以开玩笑，但不要在别人心情不好的时候开玩笑，不要在别人伤心难过的事情上开玩笑。

【小贴士：家长成长心法】

　　孩子没有分寸，可能是因为孩子没有同理心。而孩子有没有同理心，取决于在日常的亲子关系中父母对孩子有没有分寸，有没有同理心。父母言行有分寸，孩子才会有分寸。

✓ 【微习惯亲子践行打卡：有分寸的事】

　　最近和同学相处时，我在哪一件事上做得有分寸？

32 要信任他人，不过度防御

Q: 我总担心孩子在学校被人欺负，导致孩子现在和别人相处时总是没有安全感，不太合群。该怎么办呢？

A: 建立健康的人际关系不能只靠防御，也要学会信任。我们要培养孩子相信相信的力量。

有的父母在孩子回家后喜欢问这样的问题：

"有没有小朋友欺负你？"

"有没有人凶你？"

家长很在意孩子的安全，不希望自己的孩子在外面受到伤害，所以会对孩子在学校，或者社交场合可能存在的各种危险格外敏感。这种保护意识本身没有问题，但如果过度的话则会带来一些问题。比如，会让孩子形成过度防御心理。

有过度防御心理的孩子，不敢结交新朋友，即便是和熟悉的小朋友在一起，也经常患得患失，稍微遇到一点矛盾和冲突，就会把问题想得很严重，没有办法和别人建立稳固的亲密关系。时间久了，孩子就会在关系中变得没有安全感，甚至越来越封闭自我。

孩子的安全固然重要，但孩子的快乐成长更重要。孩子要快乐成长离不开健康和开放的人际关系。

有一个心理学概念叫**社会支持系统。**社会支持系统就是你身后能给予你支持的一切。这些支持，可以是物质上的，也可以是精神上的；可以是家人，也可以是同学和朋友。

和朋友在一起，可以分享彼此的快乐，从而让快乐更浓烈；和朋友在一起，也可以聊聊烦心事，说出来的烦恼就会被稀释，痛苦会减轻。

有一个心理学理论叫皮格马利翁效应，简单来说就是，当一个人获得另一个人的认可和信任时，就会获得一种努力向上的动力，不断提升自己，以不辜负别人对自己的信任。

在人际交往中，**你相信你信任的人会对你好，不辜负你，对方会被你的信念感染，回馈以同样的信任。这就是相信相信的力量。**

家长要想避免孩子在社交中过度防御，养成信任他人的习惯，可以做以下尝试。

（1）利用镜子效应教育孩子。 家长可以让孩子站在一面镜子前，摆出微笑、生气等表情，然后提醒孩子：别人就是你的一面镜子，你对别人微笑，别人就会对你微笑；你对别人发火，别人也会对你发火。如果你信任别人，别人也会信任你。

（2）借助小动物教育孩子。 如果孩子的防御心理过强，可以让孩子投喂动物园的动物，或者照顾小猫小狗等宠物。在这个过程中，孩子会发现，自己付出爱会得到爱和信任。

☺ 【小贴士：家长成长心法】

家长过于担心孩子的安全，总是怕孩子被欺负，这是因为父母内心太脆弱。其实，孩子的内心远比我们以为的要强大。该放手的时候，就应该让孩子放心大胆地去交朋友，去与人相处。信任他人的孩子更快乐，也更强大。

✔ 【微习惯亲子践行打卡：选择信任】

你最近在哪件事上选择了信任别人？结果怎样？

33 成为别人信赖的人

Q: 我家孩子很老实，平时让他做什么就做什么，但他反应比较慢，不像别人家的孩子那样能说会道，我需要帮孩子做出改变吗？

A: 老实孩子有老实孩子的优点，比如有责任心，做人做事都很靠谱。不要总想去改变孩子，家长应该发挥孩子自身的优势，让孩子成为别人眼中值得信赖的人。

人们都喜欢聪明的孩子。

什么是聪明呢？简单来说就是头脑灵活反应快，嘴巴伶俐会说话。在如今这个崇尚表达和展现自己的社会氛围中，这确实是一种"肉眼可见"的优势。

但是，不同的人有不同的性格，不同的人在人际交往中也有不同的社交风格。孩子比较慢热，在与人相处时比较安静，不必担心，更不要觉得自己的孩子有问题。这样的孩子，有他自己的社交节奏和社交优势。

有的孩子可能不善于用嘴巴表达，但他们或许更善于用行动表达。这样的孩子第一眼看上去很普通，但相处久了你会发现，这样的人很靠谱、很值得信赖。

大五人格理论中，有一项专门的人格维度叫尽责性，指的是一个人在做事和与人相处的时候，具有自律、可靠、有责任心等品质。

这样的人自我约束力强，答应别人的事会信守承诺，即便别人不催促也能主动做好。和这样的人相处，你会觉得很踏实。

这样的人超我发达，道德感强，伤害别人的事即便能让他获利他也不会去做。和这样的人交朋友，你会觉得很有安全感。

可以说，**聪明决定了有多少人看好你，而靠谱则决定了有多少人愿意和你成为亲密的朋友。**

作为家长，我们不能只关注孩子的反应能力，也要关注孩子的内在品质，比如尽责性。

那么，怎样才能培养孩子的责任心，让孩子成为一个值得信赖的人呢？

（1）让孩子做到说话算话。 说出话，尤其是做出的承诺要认真履行，这种意识很重要。

　　培养孩子说话算话的意识，一方面要多给孩子提醒，当孩子许诺做某事或达到某个目标时，可以多督促："记得你的承诺，我们要说话算话。"这样的提醒，可以让孩子不敢松懈。另一方面，大人也要做个好榜样。大人讲诚信，孩子才会跟着讲诚信。

　　（2）让孩子明白，事情是做给自己的，不是做给别人的。责任心强的人，都有一个共同点，那就是自我约束力强。也就是说，驱使他们做好一件事的动力，不是源于外在的压力，而是源于内在的动力。

　　小时候老师经常对我说一句话："事情是做给自己的，不是做给别人的。"这句话对我影响很大。当一个人发现所有的事情都是为自己而做时，就不会偷懒，不会糊弄。因为我们可以骗别人，却永远骗不了自己。父母要让孩子知道，做人要认真，要言行一致，要说到做到。这不是为了取悦别人，而是为了让我们成为更好的自己。

😃 【小贴士：家长成长心法】

　　孩子说话算话，做事认真负责，不仅是因为他们知道这样做是对的，还因为他们知道这样做能让他们得到更多的回报。家长除了以身作则，做好榜样外，也要多用肯定、欣赏、赞美的方式给孩子鼓励，让孩子将负责任内化成为一种习惯。

✅ 【微习惯亲子践行打卡：说话算话】

我在哪件事情上做到了说话算话？

34 孩子太霸道，怎么办

Q: 我家孩子和别人玩耍时有点霸道，总是拿别人的东西，但自己又不懂得分享。该怎么引导孩子呢？

A: 孩子霸道，其实是把别人当成了"敌人"。为此，我们需要培养孩子的共赢思维。

带孩子去和其他小朋友一起玩时，我发现有这样一些现象。

孩子特别小时，觉得所有的玩具都是自己的，我的就是我的，你的也是我的。孩子看到别人的小汽车好玩时，就想立马拿过来玩。家长如果阻止，告诉孩子这不是你的，是别人的，孩子也不会理会，只是哭闹着要那个玩具。

孩子稍大一点时，对待玩具开始有了分别心，我的就是我的，你的就是你的。如果孩子想玩别人的玩具，会拉着大人的手，让大人去和别人沟通。

孩子更大一点时，对待玩具开始有了"我们"的意识，我的就是你的，你的就是我的，我们可以一起玩。

这就是孩子的自我意识成长变化的轨迹。刚开始孩子处于绝对自我的状态，以为整个世界都是我的，意识不到别人的存在；然后慢慢地意识到这个世界里还有别人，还有属于别人的东西；再然后我的和你的开始融合，逐渐意识到"我们"的存在。

这个"我们"，就是一种共同体意识。在这个共同体里，彼此可以相互分享玩具，可以一起玩游戏。这样的小团体活动，可以培养出孩子的共赢思维，**即大家在一起时，我好，你也好；我快乐，你也快乐。**

拥有共赢思维的孩子，更容易和身边的孩子玩到一起，打成一片，从而享受到社交的乐趣。

有的孩子比较自我，就像动画片《哆啦 A 梦》里的胖虎一样，行为霸道，在很多时候只考虑自己，不考虑他人。

这样的孩子在说话时，特别爱说"我"，比如我怎样怎样，我要怎样怎样。在人际交往中，经常说"我"的人，容易让别人感觉不舒服。因为大家会觉得，这个人有点自大，喜欢标榜自我，自以为是。

家长要想培养孩子的团队意识，让孩子建立共赢思维，最简单的方法就是改变孩子的说话方式，如让孩子多说"我们"少说"我"。

父母带孩子和其他小朋友玩时，可以引导孩子多说这样的话。

"我们都是好朋友！"

"我们一起玩吧！"

"我们都很棒！"

"我们都很开心"

多说"我们"，可以缩短彼此的心理距离，让孩子和其他小伙伴的关系更亲近。

当然，口头表达中，还有很多"我们"的近义词，比如"咱们""咱俩"等，都有利于培养孩子的共赢思维。

☺ 【小贴士：家长成长心法】

　　自我是小我，共赢是大我。一个孩子的成长，需要从小我慢慢走向大我。但是，这种成长需要时间，孩子需要先拥有稳定的小我，才敢走向更大的我。所以，父母在引导孩子的时候要多一点耐心。

✓ 【微习惯亲子践行打卡：复盘自己的话】

　　用手机录一段话，然后看看自己说了多少个"我"，分析一下其中哪些"我"可以改成"我们"。

35 与朋友打成一片

Q: 我家孩子平时有点闷，不够有趣，怎么做可以培养孩子的幽默感？我希望我的孩子能够活跃一点，快乐一点。

A: 家长如果能营造良好的家庭氛围的话，可以激发孩子身上的幽默细胞。

一个人受不受欢迎，取决于这个人有没有吸引力，或者有多大的吸引力。

什么是吸引力呢？从心理学的角度来说，就是一个人身上的某些特质对他人具有奖赏意义，比如幽默感。

我们常说，有趣的灵魂万里挑一。而有趣，很多时候离不开幽默感。

我上学的时候，同桌的学习成绩一般，但他平时说话特别逗。

有时候，他即便什么都不说，只是做了一个表情，也能让人忍俊不禁。因为太有趣了，他人缘很好，是公认的开心果，大家都很喜欢他。

有幽默感的孩子，不仅人际关系融洽，还能拥有乐观主义精神，面对压力和挫折的时候，他们的心理韧性更强，更容易摆脱困境。

其实，每一个孩子的身上都有自己独特的幽默细胞。要培养孩子的幽默感，家长应该怎么做呢？

（1）营造轻松愉快的家庭氛围。

宽松的土壤中才能生长出幽默的花朵。如果父母平时很严肃，整个家庭被低气压笼罩着，孩子就不会快乐。相反，如果父母在家里的时候经常和孩子有说有笑，家庭氛围融洽，孩子的幽默潜能就会被激发出来。

（2）父母做好"捧哏"的角色。

孩子听到一个笑话，或搞笑的段子时，会习惯性地和父母分享。父母要像相声中的"捧哏"一样，做好倾听和回应的工作。最关键的是，该笑的时候一定要笑，让孩子有满足感，这样孩子以后才会分享更多的快乐。

（3）别让孩子的幽默变味。

孩子因为认知水平有限，有时候会把一些不好的、出格的行为当成幽默。比如调侃别人的长相和身高，模仿别人的言行举止，或者讲一些从别处听到的低俗笑话，等等。当父母发现这样的情况时，要及时干预，提醒孩子快乐不能建立在别人的痛苦之上。真正的幽默要以尊重别人、不伤害他人为前提。

【小贴士：家长成长心法】

我们培养孩子的幽默感，不是为了培养一个未来的喜剧明星，而是培养孩子积极乐观的心态。要真正做到这一点，家长要先拥有面对生活的积极乐观之心。家长总是能以轻松的姿态面对生活中的种种问题，孩子才会被感染，才会用一种有趣的视角理解生活。

✅ **【微习惯亲子践行打卡：一个笑话】**

最近听到的最好笑的笑话是什么？把它讲给爸爸妈妈听吧。

36 面对霸凌，要勇敢说出来

Q: 我家孩子比较老实，现在住校了。听说现在校园霸凌事件很多，家长怎么做才能让孩子保护好自己呢？

A: 对家长来说，平时可以从"看出来"和"说出来"两个方面来应对。

　　每位家长都希望自己的孩子在一个安全的环境里快乐地成长，而不是被人欺负，承受一些本不该承受的伤害。但现实中，孩子遭遇霸凌的情况时有发生。

　　校园霸凌不仅会对孩子造成身体上的伤害，还会给孩子带来很多心理上的创伤，比如对上学感到焦虑和恐惧，严重的会厌学，甚至发生自我伤害的极端事件。

　　面对校园霸凌问题，家长可以做哪些预防和疏导的工作呢？

首先，当孩子有如下表现时，父母要提高警惕。

- 情绪很敏感，经常一点小事就发脾气，或者痛哭。
- 经常闷闷不乐，回家就把自己关在房间里。
- 睡觉时经常失眠，或者做噩梦。
- 身体上时不时出现一些伤痕。
- 突然不想上学，也不说不想上学的理由。

当孩子身上有这些信号时，家长要主动和孩子沟通，了解孩子有没有被人欺负。

其次，校园霸凌往往是长时间的、持续性的。如果能及早发现、及早介入，可使孩子受到的伤害大大减轻。

父母应该多和孩子交流关于校园霸凌的话题，提醒孩子在遇到类似的问题时做到"三个说出来"。对好朋友说出来：如果能和身边的朋友及时沟通，得到朋友的鼓励和情感支持，孩子也会更有勇气去面对这种伤害。对老师说出来：孩子被欺负时第一时间告诉老师，由老师来处理，多数情况下可以更有效地解决问题。对父母说出来：父母是孩子永远的后盾，当孩子遇到伤害，或者对一些事情感到困惑时，应及时和父母沟通，一起想办法应对和处理。

有时候孩子遇到霸凌却不敢说出来，这通常和家庭内部的沟通氛围有关。父母喜欢指责孩子，不管什么事情先从孩子身上找问题。这通常会导致孩子遇到霸凌时选择沉默。

"你好好的，别人能欺负你？"

"你怎么这么怂，为什么不打回去？"

对一个刚经历了霸凌的孩子来说，对父母倾诉本来是想获得情感支持，但如果得到的是父母的批评和指责，相当于受到了二次伤害。这样的话，孩子再遇到问题时会选择闭嘴，不再与父母沟通。

所以，父母平时和孩子的沟通状态很重要。如果父母是包容的、有爱的，是真正站在孩子的角度考虑问题的，那么孩子就更愿意和父母沟通，遇到问题时更愿意向父母敞开心扉。

【小贴士：家长成长心法】

孩子遇到霸凌，说出来也需要很大的勇气。要想赋予孩子这样的勇气，我们家长需要和孩子建立真正有爱的亲子关系。亲子关系好了，孩子才会愿意将父母当成自己最信赖的后盾和靠山。这样他们在遇到霸凌，或者被人欺负时，才不会独自承受，而是寻求家长的帮助。

✅ **【微习惯亲子践行打卡：倾诉的人】**

如果遇到霸凌，你会对谁说出来？

第三章

15种情绪微习惯

帮助孩子及时疏导坏情绪，不内耗

情绪是一种能量

每一个孩子的内心深处都住着一只小怪兽。

它浑身充满了能量，时刻影响着孩子。有时候，它是乖巧的、快乐的，充满亲和力；有时候，它是暴躁的、愤怒的，充满了攻击性。

这只小怪兽的名字就叫情绪。

很多家长将孩子的情绪，尤其是负面情绪视为洪水猛兽，认为必须把它封印起来，甚至是彻底消灭。

"不许哭！"

这可能是绝大多数父母都对孩子说过的一句话。我们总是下意识地认为，努力地压抑情绪，不让它表达出来，就是处理情绪最好的方式。但是，当越来越多的孩子出现心理问题，尤其是越来越多的孩子被抑郁症这只"大黑狗"困扰时，我们才发现过分地压抑情绪是有很大危害的。

情绪是一种能量，一种生命活力，可以源源不断地为我们提供动力。一味地压抑情绪，某种程度上就是在压抑自己的生命活力。

父母要想处理好孩子的情绪问题，首先要做的是让孩子的情绪流动起来，允许孩子有情绪，允许孩子用合适的方式表达情绪，让孩子养成及时清理情绪垃圾的习惯。表达即疗愈，这是心理学界关于情绪问题的一个重要共识。

按照情绪认知理论，情绪的背后是认知。

- 为什么面对突如其来的意外，有的孩子慌乱不安，而有的孩子很从容，身上有一种松弛感？
- 为什么面对学习上的挫折和打击，有的孩子一蹶不振，而有的孩子始终积极乐观？
- 为什么面对身边优秀的人，有的孩子嫉妒心爆棚，而有的孩子则为他人的成功而高兴？

面对同样的事情，不同的人会产生不同的情绪反应。情绪不同，问题不是出在情绪上，而是出在认知上。

本章我们围绕孩子成长过程中常见的问题，探讨如何帮助孩子养成合理的认知习惯。

这些认知习惯也将帮助孩子更好地应对学习压力。面对学习压力的情绪调试能力是决定孩子学习状态和学习成果的重要因素。

情绪与人的自尊密切相关。

美国的心理学专家盖伊·温奇博士认为，高自尊可以提升人们的情绪适应力，让人不容易感到焦虑和压力。

本章的最后，我们重点分享了一些简单实用的微习惯，以提升孩子的自我认同感、自我价值感，从而帮助孩子成长为一个自信乐观，具有高自尊的人。

一个高自尊的人，往往拥有稳定的自我；而一个拥有稳定自我的人，也往往拥有更稳定的情绪。

37 允许哭泣，让情绪自然流动

Q: 我家孩子很爱哭，遇到一点小事就哭，对他说"不准哭，哭解决不了问题"也不管用。这可怎么办？

A: 哭是很常见的表达情绪的方式，如何应对孩子爱哭，本节给大家分享一些我的经验。

一天早上，小女儿哭着说今天学校要打预防针，自己害怕打针，不想去学校。

我和妈妈分别抱了抱她。开车送她去上学的路上，她还在哭。我没有制止她，而是分享了自己小时候打预防针的经历：每每听到村里大喇叭里广播要打预防，我就会紧张害怕，打针前也会哭。

到了学校门口，她不哭了，挥手说："爸爸再见。"我看到她的力量已经回来了，脸上很平静，声音也很淡定。

孩子因为害怕等原因哭泣的时候，最需要的不是家长的各种道理，而是理解与陪伴。一个孩子不会因为道理而变得更加勇敢，但会因为爱而更有力量！

情绪就像河流，我们要允许各种情绪流经我们，而不是阻断它。阻断情绪，不允许表露情绪，不是在化解情绪，而是在压抑情绪。这些被压抑的情绪其实并没有消失，而是被打包储存进入了内心深处。这些不被允许的情绪积累得多了，就会成为具有破坏力的能量，造成一些无法挽回的后果。

所以，面对情绪，宜疏不宜堵。

动画片《头脑特工队》中有一个很有意思的桥段：冰棒的火箭车被记忆清洁工推下深渊，他伤心欲绝，乐乐想方设法让他开心，不想让他悲伤哭泣，却毫无效果，而忧忧则是静静地坐在冰棒旁边，让他直接面对那件悲伤的事。冰棒在哭过之后，情绪很快好转，想到了更好的问题解决方案，并继续冒险，最后帮助其他伙伴走出了困境。

心理学上有一个很重要的常识：**表达即疗愈。一个人表达情绪的过程，本身也是一个疗愈的过程。所以，学会释放情绪比控制情绪更重要！**

面对孩子的负面情绪，很多家长听不得孩子哭，也见不得孩子伤心，总想第一时间解决孩子的情绪，希望孩子马上好起来。于是，家长要么马上帮孩子解决具体问题，要么转移孩子的注意力。

其实，**让情绪飞一会儿，允许孩子完整地体验情绪的起落与释放，让孩子在经历情绪的过程中拥有情绪调控能力，也是在帮助孩子成长。**

【小贴士：家长成长心法】

允许孩子情绪流动的唯一挑战是：父母能否在孩子有情绪时做到情绪平和，能否允许孩子有情绪！这很考验家长的修为。

✅ 【微习惯亲子践行打卡：为什么哭了】

你最近因为什么事情哭过？哭完之后感觉怎么样？

38 拳击沙袋，安全释放愤怒

Q: 我家孩子正处于青春期，一激动就会摔东西，有时闷在自己房间一天都不出来。这怎么引导？

A: 任何情绪都需要出口，愤怒情绪的杀伤力很大，更需要一个安全的出口。

有一次，一位妈妈带着 15 岁的儿子来找我咨询。她说马上中考了，孩子的情绪突然崩溃，将家里的电器、家具等都砸了，爸爸都阻止不了他。最后打 110 报警，在警察的协助下，孩子才停了下来。我在跟这个孩子聊天的过程中发现，孩子一直眉头紧锁。他的情绪中有焦虑，也有愤怒，而愤怒的主要对象其实是自己，他认为自己不够好。

愤怒是一种常见的情绪，大人、孩子都会因为各种鸡毛蒜皮的事情爆发。未成年人因为心智不成熟，情绪调节能力较弱，更容易愤怒。

心理学研究表明，**愤怒往往是无意识的，我们无法掌控；但发泄愤怒往往是有意识的，我们可以凭借自己的理性和意志力来处理愤怒情绪。**

我的两个女儿有时也会生气，她们生气的时候，我们会建议孩子们去卧室打拳击。我们购买了一个立式拳击沙袋，还配有拳击手套。孩子们心情不爽了，就让她们用打沙袋的方式发泄出来。

我们要做的是释放人的攻击性，释放愤怒的情绪，让心情可以快速平静下来，然后才有更多的智慧去解决问题。很多时候，心情好了，事情也就过去了，甚至都不需要去处理。

这种方法，每个家庭都可以用起来。家长和孩子都可以使用。让孩子用这样的方式安全地发泄情绪，慢慢地，孩子就养成了合理发泄情绪的习惯。

为什么击打沙袋可以释放情绪呢？因为**人的情绪能量会大量储存在肌肉里，肌肉的"放松—收紧—再放松—再收紧"的过程，能够释放情绪能量。**

其实，很多方式都可以释放情绪能量，比如，砸枕头也是安全地释放情绪的方式。

立式沙袋占用空间很少，在家里添置一套很容易。困难的是，让家长接纳孩子的愤怒情绪。很多家长认为一点小事情，至于发那么大的火吗？通常情况是，孩子有情绪，家长不理解；家长火上浇油，最后孩子因为小生气变成大愤怒。

作为家长，我们需要学会接纳孩子的种种情绪，而不是急着去评判对错。接纳孩子情绪的前提是我们做父母的要明白一个道理：**没有错误的情绪，孩子的每一个情绪都是有原因的，都是应该被允许的，每个情绪都会告诉我们一些东西。**

情绪背后代表了孩子的某些需求没有得到满足，我们要去找到这个需求，然后引导孩子审视这个需求是否合理，是否可以获得满足，这才是情绪问题的解决之道。

【小贴士：家长成长心法】

接纳一个人的情绪，便是接纳这个人。孩子感受到父母对他们的接纳，更愿意让父母帮助他们做出改变，这样家长才能帮助孩子养成好的习惯。

✅【微习惯亲子践行打卡：打沙袋】

最近什么事情让你很愤怒？打完沙袋后感觉怎样？

39 呼吸数数法：遇事冷静不冲动

Q: 我家孩子性子比较急，遇到事情总是很急躁，不够沉稳，给他讲道理收效甚微。我们怎么做才可以让孩子成为一个情绪稳定的人呢?

A: 情绪会引发生理反应，当生理反应强烈时，讲道理是很难起作用的。要想管理好自己的情绪，得从身体放松开始。

有一天，妻子躺在沙发上，情绪不太好。

大女儿看见后跑过去说："妈妈，你要是心情不好，可以深呼吸几下，然后就没那么不开心了。"

遇到不开心或者生气的事情时，我家的大人和孩子都会用到的情绪管理方法就是深呼吸。这个方法很有效，而且是有科学依据的。

心理学研究发现，**情绪不仅是心理反应，还是生理反应**，这就是情绪的双因素理论。因为是生理反应，所以人处在激烈的情绪中时，身体会本能地进入应激状态，最典型的表现是：心跳加快、嗓子发紧、呼吸急促。

要想从情绪的漩涡中挣脱出来，最简单的方法就是改变自己的呼吸节奏，即有意识地进行深呼吸。斯坦福大学的研究人员在一项研究中发现，**仅仅是做几次缓慢的深呼吸，就可以显著降低孩子的生理兴奋度。**

当孩子要发脾气，或者难受得要哭时，家长可以及时介入，在言语安抚的同时陪着孩子一起深呼吸。

家长可以这样引导孩子。

"不着急，我们一起来深呼吸。闭上眼睛，先用鼻子慢慢地吸气，把气吸到你的肚子里；然后慢慢地用嘴呼气，把肚子里生得气全都呼到外面去。跟我做，一慢慢地吸气，二慢慢地吐气。"

这种方法叫作呼吸数数法，它之所以有效，还有一个很重要的原因是它可以帮助孩子顺利度过理智空白期。

理智空白期是心理学家保罗·艾克曼提出的一个概念，指的是个体在遇到问题时第一时间被触发的是感性脑，即情绪。几秒之后，理性脑才会开始运转。而情绪和理智之间的这个时间差，就是理智空白期。

在理智空白期内，人会完全被情绪控制。这个时候的人最冲动，稍不留神就可能做出一些出格的事，伤害别人也伤害自己。

理智空白期的持续时间通常比较短，一般只持续几秒钟。这个时候，如果我们能用呼吸数数法安抚内心的情绪，就可以实现遇事冷静不冲动的目的。

如果你的孩子容易情绪激动，不妨教会他呼吸数数法。这不仅可以帮助孩子化解当下的情绪问题，还对孩子成年后的情绪管理大有裨益。

😊 ◀【小贴士：家长成长心法】

孩子的心智还不成熟，面对情绪问题时，让他们靠意志力进行自我控制不现实，成效不大。家长最好先通过调整呼吸的方式安抚孩子的身体，身体放松了，心情才会平静。

✅ 【微习惯亲子践行打卡：呼吸数数法】

下一次冲动时，试试呼吸数数法，看一看你几秒钟可以控制住自己的情绪。

40 扔纸飞机法：及时清除情绪垃圾

Q: 我家孩子学习压力比较大，经常莫名其妙地情绪低落，作为父母很心疼，但是又不知道怎么做才能减轻孩子的压力。请问有没有帮助孩子解压的好办法?

A: 压力大，其实是内心的情绪垃圾积累得太多，需要及时清除。这里分享一个适合孩子用的清除情绪垃圾的小方法。

人的心智系统就像电脑一样，运行久了会产生一些情绪垃圾。情绪垃圾并不可怕，可怕的是很多人意识不到情绪垃圾的存在，不懂得自我疏导，让情绪垃圾越积越多，最终导致一些不好的后果。

现在的孩子学业负担普遍较重，孩子每天将太多的时间放在学习上，休息的时间不够，体育活动的时间不够，休闲放松的时间不够，身心一直处于紧绷状态，情绪垃圾长期得不到释放和化解，就容易导致焦虑、抑郁，甚至出现更严重的心理问题。

因此，让孩子掌握一些简单、实用的情绪疏导方法就显得尤为重要。这里，我们分享一个好方法：扔纸飞机法。

具体做法如下。

首先，将目前最困扰自己的一种情绪，或者感到压力比较大的事写在一张白纸上，可以写得详细一点。

其次，将这张纸叠成纸飞机。

最后，找一个空旷无人的地方，最好是高处，将纸飞机扔向远方。同时可以大声喊出："再见，我的烦恼！"

这是一种有仪式感的疏导情绪的方法，这样一种小仪式，一方面可以将自己的内在情绪用外在的行为表达出来——表达即疗愈；另一方面也可以给自己一种暗示，暗示困扰自己的某种情绪已经离开自己。

有时候借助具有象征意义的仪式来缓解情绪压力，比单纯地讲道理效果要好一些。这种做法的效果已经被科学研究所验证，康涅狄格大学的一项研究就发现，生活当中的一些仪式感可以有效缓解我们内心的焦虑。

作为家长，如果你发现孩子最近的压力比较大，不妨用一用扔纸飞机法，让孩子养成及时清除情绪垃圾的好习惯。

【小贴士：家长成长心法】

授人以鱼不如授人以渔，教会孩子疏解情绪的方法比讲道理更管用，让孩子自己处理情绪问题，也有利于孩子成长。

✔️ **【微习惯亲子践行打卡：扔纸飞机法】**

当下你最大的烦恼是什么？折一只纸飞机带走你的烦恼吧！

41 写心情日记，用书写疗愈自己

Q: 我家孩子多愁善感，各种小情绪特别多，哄都哄不过来，可愁死我了！

A: 哄不过来，就培养孩子自我疗愈的能力吧！我介绍一个简单实用的自我疗愈方法。

几年前，家里换下来一个旧床垫，我们把它放在了玩具房里，有一天早上，妻子觉得它碍事，就和我一起把它扔掉了。

第二天，小女儿发现旧床垫没有了，就开始大哭，我和妻子轮流安慰，都哄不好，她也不说为什么。

晚上小女儿照常写日记——那时，她还不认识几个字，她每天在妈妈的手机上用语音转文字的方式写日记。她在日记中说出了原因，原来她一直把那个床垫当蹦床玩，已经计划了要邀请小朋友一起来家里开翻滚派对。结果床垫被扔,她的计划就泡汤了。

当时,她的日记是对我们开放的,我们看了她的日记,才恍然大悟,理解了孩子为什么会哭得那么伤心。于是对她说:大人以后要是扔家里的东西,一定先跟孩子商量。现在,我们可以去策划其他好玩的派对。

写日记是一个很好的自我纾解情绪的方法。经常写日记的人都有这样的感受:有些不愉快的事情一旦写出来,内心就会有一种释然的感觉,心情也会舒畅很多。

人的情绪有一个特点,就是需要被看见。要么被别人看见,要么被自己看见。情绪只要被看见,就能得到一定程度的缓解,即便它的根源问题还没有解决。

用写心情日记的方式把自己的情绪写下来,可以帮助我们更好地看见和理解自己的情绪。完整的心情日记,可以包括以下三个部分。

(1)事情的经过以及自己当时的情绪状态,比如,被同学嘲笑了,自己很生气,详细地写下过程。

(2)关于这个情绪,写下自己想对自己说的话,比如,同学嘲笑自己的话是对的吗?自己是同学说的那样的人吗?

(3)写下自己的决定,以后面对这样的事情,我要如何应对,比如,面对嘲笑,离他们远一点。

从某种意义上说,习惯了书写自我的人,可以更好地展开自我对话，就像心理咨询一样，是一种自己对自己的疗愈。长期写心情日记的孩子，心态会越来越成熟，内心也会越来越强大。

:) ━【小贴士：家长成长心法】

　　家长要给孩子空间，不经过孩子允许，千万不要偷看孩子的日记，特别是青春期孩子的日记，他们的自我意识非常强，非常希望获得尊重和自由。

☑️ 【微习惯亲子践行打卡：写心情日记】

　　今天你的心情怎么样？试着写下来吧。

42 允许自己犯错，做个有松弛感的人

Q: 我家孩子做事情总是犹犹豫豫，写作业、画画总是涂涂改改，批评一下，他眼泪就出来了。这可怎么办呢?

A: 这说明孩子害怕犯错，内在的自我攻击比较多，需要从心理底层去调整。

一天早上，我都睡过了头，眼看着上学就要迟到了。以前，遇到这种情况，大女儿会急得哭起来，但那天她没有闹情绪，而是很快穿好衣服、洗漱完毕。出门时，我忍不住夸了她一句："女儿，你今天好棒，没有怪爸爸没有准时叫你起床!"

在那之前，她是不允许自己迟到的，但从那天开始她会允许自己偶尔迟到，这让我感到非常欣慰。

一个人心理成熟、人格完整的重要标志，就是接纳自我，允许

自己犯错。 黛比·福特在《接纳不完美的自己》一书中说："我们必须原谅自己的不完美之处，因为不完美原本就是人性的一部分。

生活中，孩子害怕犯错，**往往是因为背后站着追求完美的父母**。很多父母期望孩子是完美的，这样的心情可以理解，但追求完美会带来很多问题。

有一位妈妈曾向我咨询："老师，我的孩子很犟，明明数学题写错了，3+2 写成了等于 4，我让他擦掉重写，但孩子就是不肯。我拿橡皮直接给他擦掉，但孩子马上重新写上 3+2=4，就是不肯改，你说怎么办啊？"

深入沟通后我发现，这个妈妈和孩子的关系出现了问题。平时辅导作业时，妈妈就像一个纠察队长，孩子写了 10 道题，有 9 道做对了，妈妈看不到，但是只要有 1 道题写错了，马上就指出来。

换位思考一下，如果我们在职场中，10 件事情中 9 件做得非常好，领导视而不见，而只要有一件做得不好，领导马上就会暴跳如雷、大声指责，这时我们会有怎样的感受呢？

很多孩子之所以表现出难以理解的逆反，或者遇到问题就焦虑和慌乱，一个很重要的原因在于父母是纠察型家长，只要看到孩子身上有一点点瑕疵，就马上指出来，而看不到孩了身上的优点。

在充满苛责的环境中长大的孩子会将父母对自己的挑剔内化成自己对自己的挑剔。他们不允许自己犯错，不允许自己不优秀，事情做得不好就会内疚。

这样的孩子学业再优秀，也无法形成真正的自信，而是长期处于紧张和不安的状态。这样的孩子一旦遇到大问题，很容易崩溃。

真正优秀的孩子，身上是有一种松弛感的。也就是说，即便是事情出现了差错，他们也能处变不惊，用一种平常心来积极应对。这样的孩子，人生道路会走得更稳。

要培养有松弛感的孩子，家长要做的就是：**不再要求孩子完美，给孩子无条件的爱与接纳。带着爱的批评是唤醒，孩子会听从；没有爱的批评是打压，常常引发反抗。**

:-) 【**小贴士：家长成长心法**】

不要试图培养完美的孩子，而要努力培养人格完整的孩子。人格完整的孩子会有更大的包容性，允许他人犯错，允许自己有时做得不够好。让孩子拥有松弛感，他也会获得幸福与成功。

✅ 【**微习惯亲子践行打卡：不完美卡**】

让孩子制作一张"不完美卡"，每天允许自己犯一次错。今天你在哪件事上接纳了自己的不完美呢？

---

43 拒绝"玻璃心"，远离极端情绪

Q: 我感觉我家孩子很"玻璃心"，一帆风顺时怎么都好，一旦遇到不顺利的事他就会有很大情绪。这可怎么办？

A: 不只是孩子，很多成年人也有"玻璃心"，这需要个体升级自己的信念系统，因为信念专治"玻璃心"。

有一年春天，我们全家四口去爬山，结果我不小心摔了一跤，胳膊摔破了。那天晚上睡前，小女儿说："爸爸真倒霉，今天摔了一跤，我还记得之前有一次，你跑完越野赛脚趾甲还掉了。"

我回应说："是有点运气不好，不过爸爸也从中学到了很多东西。比如今年 7 月还要参加比赛，现在摔跤正是提了一个醒，一定要谨慎，避免比赛中出现这样的失误；还学到了越野途中，不要赤膊，避免摔倒时伤口污染；上次指甲掉了，让爸爸懂得了越野应该如何选鞋子，应该系紧鞋带，等等，这些都是很宝贵的经验……

还有，今天爸爸摔了一跤，但是受到了全家人的细心照顾。妈妈非常耐心地给爸爸换纱布、换药；你姐姐晚上给爸爸煮面吃；你给爸爸拿水果吃，还给削了皮。坏事背后有好事，我虽然受了点小伤，但是感受到了家人暖心的爱！"

小女儿听完，感觉我没有那么倒霉了。

生活中，**有些事情看起来是挫折，让人很难受，但这并不代表它毫无价值。**心理咨询师曾提出过这样一种看问题的方式：当你看到 A 时，你要意识到还有 -A。也就是，看问题不能只看表面，还要看到事情的另一面。

我们常说，塞翁失马，焉知非福。养育孩子的过程中，我们也可以在孩子的信念系统里植入这样一条信念："坏事背后有好事。"这样，当孩子遇到不好的事情时，就不会陷入"事情糟糕透了"的极端情绪中，而是会淡定一些。

那么，如何将这样一个信念植入孩子的意识中呢？

如果把孩子拉过来，直接告诉他这个道理，孩子恐怕很难接受。所以，我们要在生活小事中潜移默化地对孩子施加影响，让孩子在自己的亲身经历中去体验和总结。

有一天，大女儿放学回到家就给我看她的手指，上面有一个红红的针眼。原来，那天学校做体检，要扎手指取血。大女儿因为怕疼忍不住哭了。这时，一位男生把自己兜里的减压球给她，说捏几下就会感觉好些。于是她就接过减压球玩起来，缓解了紧张。女儿总结说，扎手指让自己感觉不太好，但后来又感受到了同学对自己的关心。我马上补充了一句："坏事背后有好事。"

"坏事背后有好事。"家长把这句话变成自己的口头禅，不断重复，就会慢慢进入孩子的意识里，内化成孩子自己的人生信念。

😊 【小贴士：家长成长心法】

"祸兮福所倚，福兮祸所伏。"任何事情都有好与坏两个方面，只有充分认识这个道理，才能在面对任何情况时做到淡定、从容。

✔️ 【微习惯亲子践行打卡：好事与坏事】

"坏事背后有好事"微习惯践行打卡，请记录一段近期的经历。

发生的坏事：

背后的好事：

44 座右铭是低谷时的精神支柱

Q: 我家孩子最近一段时间状态不太好，用他自己的话说，他进入了人生低谷期。为了帮助孩子振作起来，我经常给他发一些励志的话，不知道这样做是否有用?

A: 励志的话是否有用，不在于话本身有多好，而在于这句话能否触动孩子的内心，成为孩子的座右铭。座右铭可以成为孩子人生低谷期的救命稻草。

上高三时，有一天，我因为测试成绩不理想趴在桌子上生闷气。一个同学给我递过来一张小纸条，上面写着："就算内心再兵荒马乱，也要从容。"

这句话给了我很大的力量，也帮助我度过了高三那段难熬的岁月。时至今日，有人问我座右铭时，我的第一反应还是这句话。

人生难免会遇到低谷期，有些低谷期很短，忍忍就过去了；而有些低谷期会比较长，让人感觉陷入了泥潭，怎么挣扎都没有用。

这种情况下，真正对我们有帮助的，能够支撑我们坚持下去的，更多的是精神层面的东西，比如信念。座右铭就是信念的一种表现形式。

面对挫折，面对人生低谷期，拥有座右铭的孩子比没有座右铭的孩子会展现出更强大的心理韧性。

一个孩子拥有积极、乐观的座右铭，就好比是在溺水时抓到了救命稻草，可以帮助自己咬牙坚持下来，熬过人生中难熬的一段时期。

作为家长，我们应当鼓励孩子寻找自己的座右铭。

如果孩子一时找不到自己的座右铭，也不用着急。父母可以把自己喜欢的一些话，或者曾经点醒自己的一些话分享给孩子，或许孩子能从中找到适合自己的座右铭，或得到一些启发。

当然，座右铭不是一成不变的。随着年龄的增长，心智的成熟，孩子喜欢的座右铭也会不断变化。

【小贴士：家长成长心法】

同一句话，不同的人的感受是不同的。在帮助孩子找到自己座右铭的过程中，父母可以给提示，可以给参考，但不要替孩子做决定。在这个问题上，家长要注意边界问题。

✅ 【微习惯亲子践行打卡：我的座右铭】

你的座右铭是什么呢？它是怎样帮助你渡过难关的？

45 与过去的自己做比较，化解嫉妒心

Q: 我家孩子看不得别的孩子优秀，我一夸别的孩子，他就生气。这怎么引导呢？

A: 虽然家长在语言上没有直接做比较，但是孩子已经感受到了被比较，在这种情况下，家长需要调整自己的教育方式。

如果一个孩子嫉妒心很强，那这个孩子的身后很可能站着一个比较心很重的家长。

有些父母总是拿"别人家的孩子"教育自己的孩子。

"为啥别人能考一百分，你就不能呢？"

"你看人家小明多自觉，回到家马上写作业，你看看你！"

"你看小丽多懂礼貌，你看看你，见了人都不会打招呼！"

......

有些父母认为自己做得很好，从来没有跟孩子说过这样的话。但是，在潜意识中，大多数父母都会在心里将自己的孩子与其他孩子比较，因为比较，内心就会有很多焦虑，有很多对自己孩子的不满意。这些比较的信息会在有意无意间传递给孩子，而孩子也会照单全收。

"别人家的孩子"这个无形的、无处不在的竞争对手让很多孩子倍感压力。

心理学上，将这样一种自己和他人之间的比较称为社会比较，也叫横向比较。

拿自己孩子的缺点与其他孩子的优点做比较，这本身就不公平。这种比较会伤害孩子的身心健康，导致孩子对父母产生抵触情绪。同时，孩子也会对"别人家的孩子"产生敌意，会选择远离优秀的人，只和不如自己的朋友在一起，从而对孩子以后的成长产生不良影响。

扭转这一局面的方法，是将"横向比较"转化为"纵向比较"。

正确的做法是，让孩子与过去的自己进行比较，关注孩子的进步和亮点，父母可以常说这样的话。

"上次你在电梯遇到邻居没有打招呼，今天对人家点了点头。进步很大！"

"最近早上起床越来越早了，这个月上学只迟到了两次，比上个月少了 3 次呢！"

"这次语文考试进步了 5 分呢。非常不错！"

让孩子与自己的过去进行对比，让孩子清晰地看到自己的成长和进步，孩子会更专注于提升自己，而不是嫉妒他人。

这样的孩子，也会习惯于庆祝他人的成功，学会为他人的成功感到高兴，能够建立更积极的人际关系。

☺ ◄【小贴士：家长成长心法】

父母是孩子的镜子，如果家长有较高的自我价值，追求自我成长，不嫉妒他人，那么孩子也不会有很强的嫉妒心。

✔ 【微习惯亲子践行打卡：遇见更好的自己】

记录自己进步最大的一个方面。

46 拥有感恩的心，让幸福随时来敲门

Q: 我家孩子啥都挺好的，学习也好，也听话，就是不快乐。这怎么引导呢？

A: 让孩子开心、快乐有很多方法，比如吃好吃的，玩好玩的，不过这些快乐往往比较短暂，而更可靠、更长久的快乐源于感知幸福的能力。

有天晚上，两个女儿想喝奶茶，于是我叫了外卖。不幸的是，外卖小哥迟到了十几分钟。看着对方一脸歉意，我并没有抱怨，而是给小哥发了一个红包，感谢他大晚上辛苦跑一趟。我对两个女儿说："虽然小哥迟到了，让你们多等了一会儿，但如果没有外卖小哥的辛苦付出，你们也不可能大晚上在家里喝上奶茶。"

如果我责怪外卖小哥迟到，我的心情不会好，外卖小哥的心情

也不会好，这个世界瞬间就多了很多负能量。外卖小哥送上门的不只是奶茶，而是女儿的开心。想到这一点，我应该感谢外卖小哥，又怎么能责备他呢？因为有了这样的感恩之心，我和女儿的心情都很好，外卖小哥的心情也很好。因为我们念头的转变，这个世界是不是瞬间就多了很多的正能量呢？

幸福不在于我拥有什么，而在于我是什么！

幸福一直都在我们身边，幸福就在每一个当下。如果我们真的从心底懂得感恩，就可以随时随地感受到幸福。

如果孩子不懂感恩，总是以自己为中心，怎么办呢？

培养感恩之心，要从生活中的一件件小事做起，从一个个感恩的微习惯做起，下面分享我的三个经验。

（1）父母要懂得感恩，并常常把感谢放在嘴边，给孩子做榜样。

（2）让孩子做家务，做家务是在培养孩子为别人付出和服务的习惯，这个过程中可以让他们体会到父母的不容易，感恩父母。

（3）爱与规则并重，不要无限满足孩子所有的愿望，要给孩子延迟满足和适当不满足。比如，我带孩子去超市，规定每个人每次买零食不能超过三种，这样就不会让孩子觉得自己想要什么就可以得到什么。

心理学家阿德勒说：从小被宠坏的孩子会认为生活的意义是独占鳌头，认为自己是这个世界上最重要的人，一旦不能被满足，就会认为社会对他们充满敌意，从而产生报复之心。所以，**父母娇纵孩子看似是爱孩子，其实是在伤害孩子。**

一个孩子懂得了感恩，就拥有了幸福一生的能力！

😊 ◂【小贴士：家长成长心法】

让孩子拥有感恩的心，父母先要拥有感恩的心。

一个人的心中有多少感恩，就有多少幸福。孩子懂得感恩，就拥有了幸福一生的能力。

✅ 【微习惯亲子践行打卡：感恩生活】

感恩微习惯练习打卡

时间	人物	感恩方式	为什么感恩

47 每日优点贴纸法：培养自信的孩子

Q: 我家孩子爱哭，胆子小，在课堂上不敢举手发言，遇到陌生人也不敢打招呼，朋友也少。这怎么办呢？

A: 如果孩子有这些行为，别着急，我推荐一个操作性强的方法，来培养孩子的自信心。

一个人的自信，首先源于他信，即他人的相信和认可。可以说，自信的孩子是夸出来的。

皮格马利翁效应说明，如果一个人对另一个人表现出某种期望，并通过真诚的认同和夸奖等方式给对方积极的心理暗示，就会促使对方朝着期望的方向发展，并最终将期望变成现实。

这提醒我们，培养自信孩子的一个重要的方式就是给孩子足够的肯定、欣赏和赞美。你越是能够发现孩子身上的闪光点就越容易让孩子和这些优点建立起心理上的连接，并最终让孩子拥有这些优点。

所以在生活小事中，在日常的聊天中，父母要有意识地给孩子更多的夸奖。

当然，夸奖也需要技巧，家长夸孩子要注意以下三点。

（1）夸奖一定要基于具体的事实，笼统地表扬无法获得孩子真正的认同。

（2）不要赞美孩子的天赋，这会导致孩子认为自己有天分即可，不需要努力。

（3）赞美的焦点最好是孩子的正确行为和努力过程，赞美的目的是发展孩子的正确行为，并通过赞美使之强化成为孩子的习惯和能力。

口头的夸奖很重要，不过随口的话，孩子很容易忘记。在这里，给大家分享一个容易操作的方法，那就是：**每日优点贴纸法！**

在家里，我的妻子就很善于运用这个方法。她经常把孩子的优点写在贴纸上，然后贴到墙上，这样孩子就可以经常看到自己的优点了。

每日优点贴纸法操作很简单，具体操作步骤如下。

第一步：白天注意观察孩子的进步和亮点。

第二步：晚上睡前把孩子当天的优点都写在漂亮的贴纸上。

第三步：把贴纸给孩子看，读给孩子听，然后贴在家里固定的贴纸墙上，贴纸墙的位置越显眼越好。

这个方法，对儿童期的小孩子可用，对青春期的大孩子同样适用。当你给青春期孩子优点贴纸时，他们可能表面上不屑一看，但内心其实乐开了花。

这个微习惯也可以拓展。比如，小小的优点贴纸可以扩大为一封信，详细记录孩子的某个重要进步。我的妻子就经常给青春期的大女儿写信，每次都写满一张 A4 纸。我在 2018 年到 2023 年，每天给两个女儿写信，记录她们每天的优点、进步，记录我们在一起的温暖时刻，分享我的一些生活感悟，等等，连续写了一千七百多封，五十多万字。这些文字成了我和孩子沟通的重要情感纽带，孩子的价值感获得了很大的滋养。

每天坚持几句话的贴纸，长期坚持下去，就会有很大的作用。

☺ ﹝小贴士：家长成长心法﹞

对家长来说，写贴纸容易，困难的是要有一双发现孩子优点的眼睛！很多父母习惯于戴着滤镜看自己的孩子，总是看见问题，看不见优点。其实，每一个孩子都是独一无二的，都有闪光点。家长需要做的就是将孩子身上的优点挖掘出来，反馈给孩子。

✅ 【微习惯亲子践行打卡：每日优点贴纸法】

　　每日优点贴纸，不只是爸爸妈妈写给孩子，孩子也可以写给爸爸妈妈，爸爸妈妈也可以互相写给对方，全家人一起养成这个良好的微习惯吧！

48 大象耳夸奖法：让孩子拥有自我认同感

Q: 我经常夸孩子，鼓励孩子，孩子还是不自信，这是怎么回事?

A: 自信的建立需要一个过程，小孩子相对容易，大孩子则需要较长的时间。当然，帮助孩子建立自信也是有方法的，这里给大家推荐大象耳夸奖法。

当几个家庭一起聚会、野餐时，如果家长们聊天时提到了某个孩子的名字，这个孩子就会条件反射地竖起耳朵听大人们如何谈论自己，这竖起的耳朵被戏称为"大象耳"。

懂一点心理学的家长，会在这个时候使劲夸奖自己的孩子。

"我家孩子可让我省心了，作业都是自己完成，不用我管。"

"我儿子可勇敢了，都可以一个人去超市给我买酱油了。"

"我女儿可有礼貌了，电梯里见了邻居，会主动打招呼。"

孩子听到自己的父母在其他成年人面前肯定自己，他表面上可能云淡风轻，心里却乐开了花。这就是大象耳夸奖法，即不当面夸奖孩子，而是通过向他人称赞孩子的方式来提升孩子的自我认同感。

从夸奖的效果来说，十次当面夸不如一次侧面夸。 侧面夸的"威力"如此巨大，是因为当面夸可能是出于讨好或刻意的鼓励，存在"造假"的可能，但侧面夸显得更真诚，让人觉得是发自内心的。因此，这样的赞美更容易激发被赞美者的自我认同感。

遗憾的是，不少家长聚在一起时，不是夸奖自己的孩子，而是吐槽孩子的缺点。这对孩子的自尊心是一种很大的伤害。

聪明的家长懂得用大象耳夸奖法来提升孩子的自信心。

进一步说，大象耳夸奖法不只是家长们聚会时可以用，平时在家也有用武之地。比如，夫妻两个人在客厅里，闲谈中讲到孩子的优点；给家人、亲戚打电话时，讲自己孩子最近的进步；甚至没有其他人，家长也可以自言自语地说：我家孩子真懂事…… 此时，虚掩的房门后，孩子都会听到，并暗暗地欣喜。

【小贴士：家长成长心法】

　　公共场合遇到邻居、朋友，夸奖我们的孩子时，一定不要谦虚，不要说"这个孩子哪里有这么好，毛病一堆"这种话，要欣然接受，并补充一两个优点，此时，旁边的孩子才会越来越自信。

☑ 【微习惯亲子践行打卡：向他人分享自己孩子的优点】

　　每个孩子都有自己的闪光点，作为家长，请说出孩子身上的三个优点。

49 夸奖孩子要具体并且带有启发性

Q: 我经常夸自己的孩子，但是我现在发现，夸孩子也有问题，这孩子现在只能听好听的，批评的话根本听不进去。是不是夸得太多了也不好啊？

A: 孩子听不进去批评、建议，说明孩子的自我认同感并不稳定。提升孩子的自我认同感除了夸奖孩子，还有其他方法。

有一次，我去接小女儿放学。

她看到我后，立即兴奋地大声说："爸爸，期中考试我数学考了100分！"

我说："恭喜你！你自己感觉怎么样？"

小女儿说："我太开心了，终于考了100分！"

第三章　15种情绪微习惯

帮助孩子及时疏导坏情绪，不内耗

我问："你觉得自己厉害吗？"

小女儿："我觉得我挺厉害的！"

过了一会儿她又问："有什么奖励吗？"

我说："考100分本身就是对自己最大的奖励呀！"

整个对话过程中，我都没有直接表扬孩子，而是问了她两个问题：你自己感觉怎么样？你觉得自己厉害吗？引导孩子去感受进步的喜悦，让孩子自己对自己做出正面评价。

教育的目的是有一天可以不教育，让孩子能够自我成长；表扬的目的是有一天可以不表扬，让孩子可以自我表扬。人不能总是活在别人的评价和眼光里，依赖别人的肯定和欣赏，而是需要建立真正的自我认同。

自我价值是一个人自己对自己的评价。一个人对自己的评价越高，就越容易产生自我认同，表现出自信；一个人对自己的评价越低，就越难产生自我认同，表现得不够自信，甚至自卑。

对于年龄小的孩子，孩子的自我还处于萌芽阶段，自我认知不成熟，不知道自己是一个怎样的人，对自己的认知很大程度上需要依赖他人的评价，此时父母对孩子的评价就很重要。

3岁之后的孩子，开始慢慢建立自我，开始具有自我评价的能力，此时会将外界对自己的评价内化为自己对自己的评价。如果外界评价积极正向，自我评价也会积极正向；如果外界评价消极负面，自我评价也会消极负面。这就是父母、老师要多肯定、欣赏孩子的意义所在。这也是前文讲的每日优点贴纸法和大象耳夸奖法的心理学内涵所在。

随着孩子渐渐长大，家长要有意识地引导孩子对自己做出更多的正向评价，帮助孩子建立真正的自我认同。如果这个方面的引导不到位，只是直接给予孩子夸奖、赞美，有的孩子并不能将外界赞扬完全内化为自我欣赏，反而可能过于依赖他人的表扬，成为一个极度在乎别人的眼光和看法，内心敏感脆弱的人。

引导孩子进行自我正向评价的一个简单方法就是，在孩子有进步、正处于积极情绪状态时，给予启发式赞美，即用提问的方式引导孩子自己赞美自己。家长可以这样提问。

"你自己感觉怎么样？"

"你觉得自己厉不厉害？"

"你是怎么做到的？"

"你最近为什么进步这么大呢？"

当然，直接给予赞美和启发式赞美可以组合运用。原则是：**随着孩子年龄的增长，应逐步减少直接赞美，增加启发式赞美。**

😊 ◀【小贴士：家长成长心法】

　　孩子是不断成长的，我们教育孩子的方式也需要不断调整，要匹配孩子不同年龄段的心理。家长要不断更新自己的教育理念和方法。记住，没有"一招鲜，吃遍天"的教育方法。

✔️ 【微习惯亲子践行打卡：启发式赞美】

　　今天，你是如何践行启发式赞美的？孩子的反应如何？

50 多说"你决定"，让孩子有主见

Q: 我家孩子很听话，很乖，让人省心。但也有一个问题，十岁的孩子了，做事情总是唯唯诺诺，没有自己的主见。这可怎么办呢？

A: 培养孩子有主见，要从生活小事下手，今天给大家一个简单好用的方法。

有一位小学老师向我咨询，说她的儿子马上要大学毕业了，但是现在犹豫是考研还是去工作。

我回应她："重要的不是我的建议，而是他的想法，他希望选哪条路呢？"

这位老师说："我儿子没有主见，他自己也不知道怎么办，所以问我。"说完，她又补充一句："他从小就是这样的，大小事情都听我的。"

我很为这个孩子感到惋惜。生活中，很多孩子就处在这样一种状态中：学习成绩不错，但做事情却没有主见。有人将这样的人称为**"优秀的绵羊"**。

"优秀的绵羊"不缺乏能力，他们缺的是独立的自我。教育的重要目标之一是培养孩子的独立性。独立是一种重要的能力，包括独立的意志、独立思考、独立决策等方面。

培养孩子独立有主见，不是一朝一夕就可以实现的，要循序渐进，从小抓起，从小事抓起。作为家长，我们可以先从多说"你决定"开始。

当孩子问要买什么零食时，家长可以说："你决定！"

当孩子问出门要穿什么衣服时，家长可以说："你决定！"

当孩子问要读什么样的课外书时，家长可以说："你决定！"

……

孩子需要先练习做出决定，随后才能掌握怎么做出正确的决定。
当家长经常说"你决定"时，孩子就会感觉自己拥有选择的自由，感觉自己的想法是被尊重的。这样可以帮助孩子在一次次的决策练习中找到胜任感，从而提升自我价值感。自我价值感高的人，才会有真正的主见。

当然，践行"你决定"要注意以下几点。

（1）从小事开始，循序渐进，逐步放权。

（2）根据年龄的增长，逐步增加和扩大孩子选择的事件及范围。

（3）做决定必然是有风险的，有好的决定，就有坏的决定。好的决定让人自信，坏的决定让人成长。在确保安全的前提下，让孩子承受一定的后果，对孩子的成长也是非常重要的。

（4）对于一些重要事项，可以限定选择范围，而不是完全放手让孩子决定。

🙂 ◀【小贴士：家长成长心法】

很多家长都知道应该放手，应该多让孩子自己做决定，但遇到事情时，还是习惯替孩子做决定，这说明家长的安全感需要提升。家长必须提升自己的安全感，才能相信孩子，才能主动放手。

✅ 【微习惯亲子践行打卡：自己的事情自己说了算】

今天你在哪些事情上独自做了决定？感受怎么样？

51 学会欣赏自己

Q: 我家孩子听话、懂事，但是好像每天都不太开心，没有小孩子该有的阳光灿烂，我该怎么引导他呢？

A: 遇到这种情况，家长要问自己一个重要的问题：我的孩子懂得爱自己吗？

爱自己不是自私的表现，爱自己是在不损害他人利益的前提下构建自己的边界，获得积极的人生体验。从心理学的角度说，**爱自己是一个人心理健康和心理成熟的重要标志。**

一个人只有真正爱自己，才能建立自尊和自信，才能做到自我接纳，才可能与他人建立健康、积极的关系，才会更愿意接受挑战并从错误中学习，才有能量对抗压力和直面挑战，才能真正爱孩子、爱家人、爱整个世界，才能拥有由内而外的喜悦，才能获得真正的幸福感。

我学会爱自己后，开始将一些爱自己的小事分享给我的孩子们。比如有一天，我去超市采购茶叶时，想到自己还没吃早餐，就先找了一个餐厅，吃饱了才去工作。回到家，我把这件小事分享给孩子们，告诉她们先照顾好自己的身体，再去工作，这是爱自己的表现。

作为家长，我们一定要教会孩子爱自己。

一个不懂得爱自己的孩子，很难建立完整的自我边界，很难建立独立完整的人格。这样的孩子即便外在很优秀，内在也很难感受到真正的快乐。而这，显然不是我们家长想要的。

爱自己要从小事开始，下面是一些爱自己的小事，家长带着孩子一起做起来吧！

（1）再忙也要吃早餐。

（2）在自己不情愿的情况下，不分享自己的东西给他人。

（3）有一个无关学习及功利的兴趣，花一些时间在上面。

（4）每周有一段自由支配的时间。

（5）心情不好时，听自己喜欢的音乐。

（6）吃自己喜欢的食物。

（7）每天有充足的睡眠。

（8）去喜欢的景点旅行。

（9）表达自己的观点和感受，不压抑自己。

（10）阅读自己喜欢的书籍。

（11）接纳自己犯的错误。

（12）包容自己的缺点。

（13）欣赏自己的独特性和优点。

（14）不沉溺于短视频和游戏，保持精气神。

（15）多给自己买礼物。

（16）想哭的时候，就关起房门好好哭一场。

（17）远离三观不合的朋友。

（18）跟喜欢的朋友逛街、看电影。

😊 【小贴士：家长成长心法】

让孩子学会爱自己，家长要先成为爱自己的榜样，做好身教。多跟孩子分享我们是如何爱自己的，孩子就会慢慢学会爱自己。

✅ 【微习惯亲子践行打卡：每天多爱自己一点点】

家长和孩子一起记录今天爱自己的小事。

第四章

5种生活微习惯

让孩子学会自理，不费妈

独立生活是孩子的第一本能需求

心理学家埃里克森在心理社会性发展的阶段理论中指出，孩子在两岁左右开始表现出强烈的自主意识。这个阶段的孩子什么都想尝试，什么都想自己去做。他们会拒绝父母的喂食，坚持自己吃饭，哪怕弄得满身都是。

很多父母把孩子的这些行为视为叛逆、不听话，其实这是孩子尝试独立生活的开始。

在孩子的眼中，自己吃饭、自己穿鞋、自己洗手洗脸不是一种辛苦，而是一种乐趣。这些事情能让孩子感觉自己在掌控自己的生活，从而获得"我的生活我做主"的成就感。这对提升孩子的自信心和自主性都有很大的帮助。

因此，引导孩子养成良好的生活习惯，越早越容易，效果也越好。

当然，孩子的心智还不成熟，很多习惯的养成需要一个渐进的过程。所以家长在引导的过程中需要多一点耐心。不同的孩子有不同的"花期"，时间到了，花自然会开。

52 做个"懒"家长，让小孩子爱上做家务

Q: 我家孩子不喜欢做家务，回家不是看电视就是玩手机，让他做家务，他就说作业很多，没时间。这可怎么办？

A: 这说明孩子还没有找到做家务的价值感和乐趣，家长需要花点耐心，让孩子慢慢养成做家务的好习惯。

孔夫子说："爱之，能勿劳乎？"意思是，爱一个人，怎么能不让他吃苦耐劳呢？

在亲子教育上，这可能和一些父母的观念相反。很多人本能地觉得，我爱我的孩子，我不想让我的孩子辛苦。孩子只要专心学习就好，不用做家务。

实际上，每天做家务的孩子学习成绩可能更优秀。中国教育科

学院的一项调查发现：在孩子专门负责一两项家务的家庭中，孩子学业优秀的比例高达 86.92%，而在孩子不做家务的家庭中，孩子学业优秀的比例才 3.17%。

哈佛大学的一项研究发现，爱干家务的孩子和不爱干家务的孩子，成年之后的就业成功率为 15：1。

为什么做家务对学业成功和人生成就这么重要呢？

现代心理学研究发现，**一个人的自信程度取决于其内在的自我价值感。而一个人的自我价值很大程度上来源于其对生活的参与感。**什么都不做，坐享其成，固然是一种"福利"，但并不能带来真正的满足。这就好比别人送的蛋糕吃起来虽然感觉不错，但自己精心做出来的蛋糕吃起来会更甜，而且会有额外的成就感。

所以，经常做家务的孩子，会觉得自己的生活是自己努力付出挣来的，更有底气。

那么，如果孩子以前什么都不做，父母怎么做才能引导孩子爱上做家务呢？

要想让孩子勤快一点，父母就得学会变懒一点。在日常生活中，家长可以有意识地把一些家务托付给孩子，让孩子参与进来。

在这个过程中，父母需要注意以下几点。

（1）可以通过家庭会议，用协商的方式让孩子自行认领家务，然后进行充分的谈判，全家达成一致后，形成会议记录，把分工表贴在显眼的地方。孩子通常更愿意遵守自己参与制定的规则。

（2）循序渐进，先从简单的小事开始。哪怕只是让孩子负责给家里的垃圾桶套垃圾袋，那也是可以的，做了比做好更重要，先养成做家务的习惯，然后再慢慢地增加任务。家长必须有耐心。

（3）做家务要常态化，每天都要做，不能三天打鱼两天晒网。

（4）做家务要具体化，一段时间内孩子要做的家务可以是固定的，比如这半年，孩子负责洗碗，那就每天都要洗碗。

（5）及时给予肯定、欣赏、赞美，提升孩子的自我价值感，强化他做家务的行为。

著名儿童教育家蒙台梭利说过，儿童忙忙碌碌为自己的成长做准备。其实，孩子天生就是勤快的，对于做家务，父母要放手给孩子机会，要积极引导，及时点赞。

ᵕᵕ ◀【小贴士：家长成长心法】

孩子天生就是勤快的，天生热爱劳动。那些在家务上"摆烂"的孩子，并不是他们真的懒。有可能是父母太勤快，反而剥夺了孩子劳动和付出的权力。

✅ **【微习惯亲子践行打卡：一起做家务】**

今天，爸爸妈妈和孩子分别做了哪些家务？

53

5 分钟家务启动法：大孩子也能"支得动"

Q: 我也知道让孩子做家务很重要，可是孩子小时候没有做过家务，现在孩子进入青春期，已经不听话了。我该怎么引导呢？

A: 青春期的孩子更应该多做家务，关于这一点还是有方法可以进行引导的。

大女儿的房间很乱，她说了好几天了要收拾，就是迟迟不见行动。有一天晚上睡觉前，我说："咱们今天就收拾 5 分钟，定一个闹钟，不管收拾到什么程度，到 5 分钟就停下来睡觉，可以吗？"因为只要 5 分钟，她就愉快地答应了。5 分钟后闹钟响起，她已经把书桌快收拾干净了。她很开心，也很有成就感。于是我说要不要再加 5 分钟，她立即同意，说这样她就可以把书桌收拾干净了。5

分钟后，她自己提议再加 5 分钟，去收拾书架，结果那天晚上她连续干了 40 多分钟，把房间彻底收拾干净了！

这个方法叫"5 分钟家务启动法"，它由美国的一位家务达人马拉·西利最先提出。人都是有惰性的，**不迈出第一步，就永远不会行动。**任何事情开始时都可以先定一个小目标，如先做 5 分钟，告诉自己就做 5 分钟。

设定小而容易实现的目标，可以帮助我们快速启动。小目标如愿达成后，就会立即建立起信心，就会对成功有一个直观的体验。这些小信心、小体验累积起来，就会帮助我们持续行动。坚持行动，就有可能获得意想不到的成果。

这个方法对于大孩子、小孩子，甚至成年人都是适用的。

我们可以灵活运用这个方法，比如让青春期的孩子上学出门时把家里的垃圾带下楼，这种孩子不能拒绝的小事很容易做到，坚持每天做，并给予及时的肯定，渐渐地，孩子就会养成做家务的习惯。

我的大女儿已经上高中了，她说现在的作业很多，就不做家务了。我说不可以，学习是你自己的事情，做家务是为家庭服务，每个人都要做。现在大女儿负责晚上跟大人一起做饭、收拾餐桌，小女儿负责每天洗碗。我发现，每天做家务的孩子，精气神更好，学习效率更高。更重要的是，培养了孩子为他人付出的优秀品质，这是比学习成绩更重要的。

☺ 〔小贴士：家长成长心法〕

父母之爱子，则为之计深远。做父母的疼爱孩子，就要为他们做长远打算，不能只顾眼前。孩子能不能坚持做家务，关键在于父母，在于父母能不能深刻认识到做家务对于孩子成长的意义。**父母对孩子最好的爱是让孩子多劳动；对孩子最大的伤害是让孩子不劳而获。**

✔ 【微习惯亲子践行打卡：5 分钟家务启动法】

打扫一个房间需要多少个 5 分钟呢？来打卡测试一下吧！

54 美好关联法：让孩子爱上运动

Q: 我家孩子不喜欢出门，不喜欢运动，总是闷在家里看手机、看电视。如何引导孩子走出家门，并爱上运动呢？

A: 一个人爱上运动，不仅是因为运动对自己身体有好处，还因为他能从运动中体验到快乐。孩子不一定会做"对"的事情，但很难拒绝让自己快乐的事情。

把一件比较枯燥的事情与一个美好的东西关联在一起，就可以打开兴趣的大门，让人不由自主地投入进去。这是一个很实用的心理学小技巧，可以称为美好关联法！

我养成跑步的习惯也是同样的路径。我从小身体比较弱，也想通过跑步来强身健体，但是跑步很枯燥，我经常三天打鱼两天晒网，然后半途而废。

后来读研期间，我曾在英国的曼彻斯特大学短期学习。英国的校园很美，到处都是绿油油的草坪，这激发了我晨跑的兴致，在那样的环境中跑步确实是一种享受。后来在伦敦我又沿着泰晤士河晨跑，路过大本钟和伦敦塔桥，沿途的景色很迷人。英国晨跑之后，我终于爱上了跑步，并成为一种常年坚持的习惯。

现在，我已经完成过两次全程马拉松。

我们要想让孩子爱上运动，首先要让孩子爱上运动时体验到的各种美好感觉。用美好关联法来激发孩子的运动兴趣，就是一个很有效的方法。在实践过程中，我们要注意以下几点。

（1）做好身教。父母喜欢运动，潜移默化地影响孩子。我晨跑完，都会告诉孩子爸爸刚才去跑步了，并让孩子看我在运动软件上的路线图，等等。

（2）做好言教。给孩子植入运动有益健康的观念。我经常跟孩子们分享运动的好处，比如心肺功能更强大、减压、精力更旺盛等。孩子越小，越容易吸收这些观念，从而引发行为上的改变。

（3）让孩子选择自己喜欢的运动，做什么运动不重要，重要的是让孩子动起来。

（4）可以多参加一些亲子运动赛事，这样既做了运动，又增进了亲子感情。

（5）营造爱运动的家庭境教环境。我将自己参加马拉松、半马、越野赛的各种奖牌都挂在客厅，营造了一个很好的境教环境；有一天，我的大女儿就要求早上跟我一起跑 5 千米，因为她也想要一个运动戒指，完成 5 千米后，就可以在一款运动 APP 上购买，这就是境教潜移默化的影响力。

◡ ◀【小贴士：家长成长心法】

俗话说，言传不如身教。我们希望孩子成为一个什么样的人，自己首先要做到。如果我们希望自己的孩子爱上运动，作为家长，我们就要做好榜样。**用自己的生命状态去影响孩子，这是教育的一个重要法则。**

✓ 【微习惯亲子践行打卡：家庭运动打卡】

我最喜欢的运动是什么？它带给我的美好体验有哪些？

55 家庭会议法：让孩子找回自主性

Q: 我家孩子太不让我省心了，做啥事都得有人提醒，都得去催，起床、吃饭、出门、写作业都是这样。我太累了，这可怎么办？

A: 从这些行为来看，孩子的自律性需要提升，当孩子开始自律，家长就可以省心了！家庭会议法可以帮助孩子更加自律。

心理学中的**自我决定理论**认为，无论是儿童还是成年人，每个人都有自主性需求。自主性需求简单来说就是一个人可以按照自己真实的意愿选择自己想选择的，做自己想做的。这样，我们会觉得我们拥有对自己生活的掌控权和自主权，从而在做事情的时候充满自驱力。

孩子在生活和学习上不自律，很重要的一个原因就是自主性需求没有得到满足。如他们不觉得是在为自己吃饭，在为自己读书，相反，他们会觉得自己更多的是在满足父母的要求，是在"替"父母做事。当孩子觉得自己无法掌控自己的生活时，就会产生抵触情绪和逆反心理，表现在行为上，就是不自律。

所以，**培养孩子自律的关键是让孩子找回自主性。**让孩子找回自主性有很多方法，家庭会议法是一个值得所有家长去尝试的好方法。

周日晚上，是我们家每周开家庭会议的时间。我就在家庭会议上提出了户外活动这个议题，大女儿还是像之前一样表示反对。妻子问大女儿，不想出门的原因是什么？大女儿说是衣服的问题，妻子说她来解决这个问题，帮女儿搭配合适出门的衣服，如果没有满意的，还可以再去添置。障碍解除，于是两个女儿就都同意了户外活动。

我们又对活动的时间做了沟通，我建议至少半个小时，女儿们则希望越短越好，最后愉快地达成了一致：每天做 20 分钟的户外活动。自此之后，两个女儿就自觉养成了每天出门散步的习惯。

在过去的咨询经历中，我发现，家庭会议法，已被无数次证明是一个有效的问题解决机制。家庭会议可以让孩子充分表达自己的想法，避免家长一言堂。此外，**因为孩子能参与到规则的制定中，自主性得到了尊重和满足，所以在执行时会更有动力。**他们会觉得：**自己是在做自己认为有意义的事，而不是在做应付家长的事。**

当然，知易行难，要想让家庭会议在培养孩子自律这一问题上真正起作用，在具体实行时需要铭记以下五点。

（1）父母要放下身段，与孩子平等对话，这是家庭会议顺利进行的重要前提。当然，为了家庭会议的气氛更好，可在会议开始时互相分享家庭成员的进步，互相表扬。

（2）认真倾听孩子的诉求，即使孩子提出要每天看 8 个小时电视这样的无理要求，家长也要表示尊重，并认真倾听，写在会议记录上，然后再表达自己的意见。

（3）要允许孩子讨价加还价，这个过程本身就是训练孩子表达能力、谈判能力、为自己争取权益的过程，这些能力会让孩子终身受益。

（4）父母要学会妥协，抓大放小，不要期待自己的好建议能够被孩子百分之百接受。

（5）家庭会议不是为了管理孩子，而是对所有家庭成员的行为进行规范。因此，会议制定的规则也适用于家长，家长要带头执行。

【小贴士：家长成长心法】

面对孩子的一些问题，不要期望所有问题都能马上解决。急于解决问题，有时候不仅解决不了问题，还容易引发亲子冲突。面对问题时父母要保持耐心，等待合适的时机，比如等到家庭会议时解决。

✅ **【微习惯亲子践行打卡：家庭会议】**

万事开头难，不过只要迈出了第一步，后面的每一步就很轻松了！

开启一个月的家庭会议亲子践行打卡，全家一起养成开家庭会议的好习惯吧！

时间	主持人	参加人	会议议题	达成的决定	践行结果

56 清单打钩法：提升孩子的行动力

Q: 商量好的事情，孩子总是做不到。说好7点起床，孩子就是不起；说好只玩半小时手机，时间到了孩子总是耍赖。这可怎么办？

A: 这说明孩子的执行力需要提升，这里给大家介绍一个提升孩子行动力的方法。

去年暑假，我们在家庭会议上通过了一项重要的决议：进行暑假生活打卡。打卡的内容包括：起床时间、睡觉时间、学习时间、洗脸、刷牙、叠被子、洗衣服、做家务、管理手机、阅读等，每个人每完成一项就在自己的打卡表上对应位置打钩。

我们每天都对当天的打卡情况进行总结。如某月某日大女儿的每一项都完成得很好，全部打钩；小女儿早上起晚了，早起项没有完成，不能打钩；我手机使用超时，这一项不能打钩；妻子全部达标并打钩。第二天早上叫小女儿起床时，她吸取了前一天的教训，立即就起床了。通过打卡活动，两个孩子改善了不少生活问题，比如不爱叠被子，经常不刷牙，做家务敷衍等。

这种提升执行力，提升自律的方法叫清单打钩法。这种方法就像游戏里的一个个闯关设置一样，会不断给人积极的肯定和正向反馈，让人欲罢不能。

如果我们期待孩子更自律，在学习、生活各方面可以做得更好，可以采用这种每日打卡的方式提升他的行动力。

:) ◀【小贴士：家长成长心法】

孩子每完成一项事务在打卡表上打一个钩，会立刻产生"我又搞定了一件事情"的成就感。这种成就感能激发孩子的自觉性，激励他主动行动。

✓【微习惯亲子践行打卡：清单打钩法】

按清单打钩法样表，一起做起来吧。

7:00 起床	刷牙 洗脸	语文 作业	数学 作业	英语 作业	手机 半小时	做家务	阅读 半小时

后记 •—— afterword

我从小就有一个梦想：成为一名作家！

踏入社会后，繁忙的工作让我与写作渐行渐远。本以为梦想不可能照进现实，谁知机缘巧合，已过不惑之年的我终于有一本书要出版了。而且，还是一本家庭教育图书，这是我之前无论如何也想不到的。

这本书的创作过程，也是我不断反思、反复复盘、认真总结的过程。我一边写，一边反省：作为一个爸爸，关于这 56 种微习惯，哪些是我在育儿过程中做得好的？哪些是做得不够好的？我发现，教训可能多过成功的经验。但正因为走过很多弯路，踩过很多"坑"，我才更明白哪些"坑"是家长们经常会踩的，才更清楚帮助孩子养成良好习惯的关键点。

从事家庭教育工作十年，我越来越笃定：孩子就是父母的一面镜子，让我照见了自己人格中很多的不成熟；孩子的问题不是用来解决的，是用来提醒家长成长的，因为家长是什么比做什么更重要；家庭教育不只是抗洪抢险，更要去植树造林；家长不能只想着处理问题，更要思考如何不让问题发生，如何培养孩子拥有更多优秀的品格和良好的习惯。这些正是本书想要传递给家长朋友的教育理念。

感谢我的弟弟吴冕老师，我们一起合作完成了本书。他有着深厚的心理学专业功底，以及 200 多万字的心理学科普文章的写作经验，他的帮助让本书的整体内容浅显易懂。

感谢我们吴家的四个孩子：吴思莹、吴思澄、吴怡璇、吴怡涵，她们为本书提供了丰富的家庭教育案例和精美的绘画，让这本书生动有趣。感谢四个孩子身后的两位智慧的母亲：我的妻子封虹丞老师，我的弟妹王素燕女士。

更要感谢我的父亲吴文增先生和母亲张捧秀女士，因为他们树立了爱学习的良好家风，奠定了这本书诞生的家庭教育土壤，才有了今天我和弟弟共同写作完成的这本书！

感谢所有的编辑老师在本书策划、编辑、出版过程中的引领与指导！

感谢读者朋友的支持和信任！希望这本书对你们有一点启发和帮助。在育儿的路上，愿我们一起并肩前行，与孩子一起成为更好的自己！

吴昊臻

2024 年 8 月 27 日于北京